AF547624

Hans Jürgen Heringer

Kommunikationsfallen

Und wie man reintappt

Bibliografische Information der Deutschen Nationalbibliothek

Die Deutsche Nationalbibliothek verzeichnet diese Publikation in der Deutschen Nationalbibliografie; detaillierte bibliografische Daten sind im Internet über http://dnb.dnb.de abrufbar.

Auf der Bornau 29
56321 Brey
GERMANY

Bilder http://commons.wikimedia.org und eigene
Covergrafik Aleksandra Djordjevic

Druck und Endverarbeitung:

Books on Demand (BoD) GmbH
In de Tarpen 42
22848 Norderstedt
Printed in Germany

ISBN 978-3-9819884-7-5

Zu diesem Buch

Unüberschaubar ist die Zahl der Ratgeber für besseres Kommunizieren.

- Verbessere deinen Stil!
- Kommunikation meistern
- Zuhören und überzeugen
- Die 100 häufigsten Fehler

Was aber tun:
Wenn nicht gezeigt wird, wie es besser geht?
Wenn alles zu komplex ist?

Wie kommt man eigentlich dazu, sich über Kommunikation Gedanken zu machen? Sie ist doch das Natürlichste der Welt.
Wir alle kommunizieren mit großer Selbstverständlichkeit.
Die Fähigkeit ist uns angeboren.
Vielleicht kommt man dazu, sich Gedanken zu machen, wenn man eine gewisse Distanz hat. Wenn man nicht dauernd dem Wirbel und Trubel ausgesetzt ist.
Ratschläger sagen drum auch, man solle sich zurückziehen und reflektieren, wenigstens öfter mal.
Aber das ist bekanntlich nicht so ganz leicht.

Inhalt

Vorwort

Risiko Kommunikation! Und Fettnäpfchen. Überall stehen welche rum. Da muss man höllisch aufpassen, dass man nicht in eines tritt. Es heißt, ursprünglich sei es um die Fettnäpfchen gegangen, die im Bauernhaus zum Einfetten der Stiefel standen. Ja, das Reintreten wäre nicht nur taktlos gewesen, sondern eine echte Sauerei.

Wie man nicht reintappt, hätten Sie vielleicht als Fortsetzung erwartet. Das aber ist nicht so einfach, wie Sie sehen werden.
Ein erster Schritt jedenfalls ist, dass Sie die Fallen erkennen.
Wir Menschen sind gelehrig.
Aber zur Kommunikation gehören bekanntlich zwei. Und mein Partner – ich mein jetzt erst mal wirklich ein Männchen – hat seine eigenen Ziele und seine eigenen Strategien, mit denen er meint, schon mal Erfolg gehabt zu haben. Das gilt natürlich für Weibchen gleichermaßen.

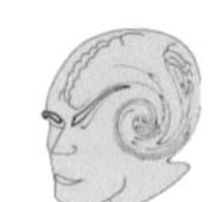

Ich gebe hier keine Ratschläge. Das erinnert mich an Peitsche.

Ich hoffe, dass die doofen Beispiele für sich sprechen. Leider kann man da in alle Richtungen lernen. Alle guten Ratgeber kann man auch umgedreht lesen. Einfach ein Minuszeichen davor. Wie man nett und höflich ist – und einfach das Gegenteil tun? Vielleicht auch, wenn es schiefgeht – das Gegenteil tun?

Sind wir Menschen gelehrig?

Mir klingt etwas von Voltaire in den Ohren:

> Nous laisserons ce monde-ci aussi sot et aussi méchant que nous l'avons trouvé en y arrivant.
>
> Wir verlassen diese Welt so verrückt und so böse, wie sie war, als wir zu ihr gekommen sind.

Warmup

Immer, wenn Menschen aufeinandertreffen – habe ich bei einem Kommunikationsverbesserer gelesen – kommunizieren sie. Das klingt gefährlich. Stimmt aber, auch wenn ich lieber von begegnen sprechen würde.

Natürlich nicht ständig und dauernd, gottseidank. Mir geht es nicht wie Watzlawick, der den Slogan geschaffen hat: Wir können nicht nicht kommunizieren (mit dem wichtigen Doppelnicht, von denen eins schon mal – sehr zu unrecht – vergessen wird). Ich kann jedenfalls öfter auch ganz entspannt und locker sein. Was andere daraus machen, ist ihre Sache. Ja, und da sind wir schon mittendrin: Zur Kommunikation gehören immer wenigstens zwei. Was ich sage, liegt bei mir, und was du verstehst liegt bei dir. Jeder ist für Seins verantwortlich. Klar, ich träume davon, dass du mich verstehst. Ich tue alles dafür. Aber für den Rest bist du verantwortlich.

Wir bauen auf unsere gemeinsame Sprache. Die gründet tief. Drastisch drückte das einst Fritz Mauthner aus:

> Die Sprache ist geworden wie eine große Stadt. Kammer an Kammer, Fenster an Fenster, Wohnung an Wohnung, Haus an Haus, Straße an Straße, Viertel an Viertel, und das alles ist ineinander geschachtelt, miteinander verbunden, durcheinander geschmiert, durch Röhren und Gräben . . .
>
> In ihren verrosteten Röhren fließt durcheinander Licht und Gift, Wasser und Seuche und spritzt umsonst überall aus den Fugen, mitten unter den Menschen; die ganze Gesellschaft ist nichts als eine ungeheure Gratiswasserkunst für dieses Gemengsel . . .
>
> Die Sprache ist Gemeineigentum. Alles gehört allen, alle baden darin, alle saufen es, und alle geben es von sich.

Woher kommen Versprecher, Verschreiber und Verhörer?

In seinem Werk „Zur Psychopathologie des Alltagslebens" befasst sich Freud mit Meringers Sammlung von Versprechern und dem Beispiel „Dann aber sind Tatsachen zum Vorschwein gekommen . . .", bei dem der Sprecher anschließend bestätigt habe, dass er an Schweinereien gedacht habe. Nach Meringer liege in der Ähnlichkeit der Wörter die genügende Erklärung. Freud will natürlich tiefer graben. Er verlässt sich nicht auf nachklappende Einfälle des Befragten, sondern sucht „einen längeren Weg durch eine komplexe Assoziationsreihe". In dem Versprecher komme eine unbewusste Aussage zum Vorschein (nicht „Vorschwein" diesmal). Hiermit war der Freud'sche Versprecher geboren. Die Idee ist, dass ein Sprecher damit etwas Sinnvolles offenbart, was er eigentlich gar nicht sagen wollte.

Es gibt aber so viele Versprecher, die nicht immer kühn und personenspezifisch ausgedeutet werden können. Sie sind nicht unbedingt ein Königsweg zum Unbewussten, sondern auch Grundlage einer Methode, das mentale Lexikon zu erforschen. Helen Leuninger hat über Jahre eine Verbrecherkartei geführt und ihre Funde analysiert. Dafür wurden schon von Meringer wichtige Kategorien vorgeschlagen:

1. Substitution: Lautlich in „die Nachrichten in Schlafzeilen", Anklang in „Artillerieverkalkung" statt „Arterienverkalkung", lexikalisch in „ein Kind abonnieren" statt „ein Kind adoptieren".

2. Permutation: Vertauschung von Teilen zusammengesetzter Wörter, von Silben oder Lauten: „Die nehmen wir mit Husskand", „eine Kussverletzung am Schopf", „Schnill und Dittlauch", „mein Kralli putzt" statt „mein Pulli kratzt", „. . . wenn Sie unser Misstrauen verbrauchen".

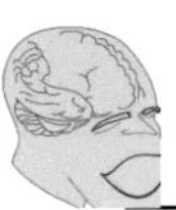

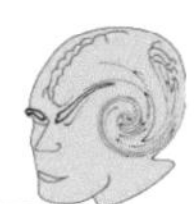
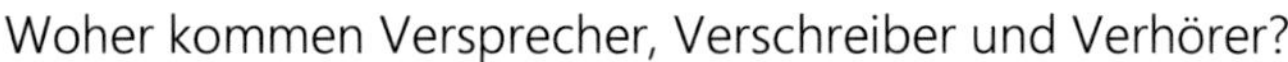

3. Antizipation: Vorwegnahme von sprachlichen Einheiten. Die Einheiten können Wörter, Wortbestandteile, Silben oder Laute sein: In „Der Vorwurf ist bereits in Vorbereitung" ist „vor" aus „Vorbereitung" vorgezogen, in „der bleste Platz" und „Schweinschwangerschaft" die Lautkombination.

4. Postposition: Im Nachklang wird eine Einheit, die schon geäußert wurde, ein zweites Mal verwendet: In „sozialistische Zekten" wird das „z" wieder verwendet, in „jüngstes Gerücht" das „ü".

5. Kontamination: Vermischung zweier alternativer Einheiten, Wörter oder Phrasen: „Hinwaltspunkt" für „Hinweis + Anhaltspunkt", „Dünnfall", „Ich kann doch nicht über meine Haut springen!"

Substitution und Kontamination haben viel damit zu tun, wie wir Wörter im mentalen Lexikon finden. Auf der einen Seite scheinen lautliche Muster und Ähnlichkeiten eine Rolle zu spielen. Auf der anderen Seite dürften auch Bedeutungsbeziehungen, vor allem Bedeutungsähnlichkeit, aber auch Gegensätzlichkeit mitwirken.

Die Antizipation, Postposition und Permutation haben mehr mit dem Äußerungsverlauf und seiner Planung zu tun. Ein Beispiel, was Guttenbergs Pressesprecher vorlautete:

> „Dass dieses Plagiat keine" . . . „Dissertation ist" haben Kundige fortgesetzt. Und Folgendes ausbuchstabiert: Für diesen Doktortitel bedurfte es keiner Dissertation und sie gab es auch nicht. Mein von mir verfasstes Plagiat ist keine Dissertation, und den Vorwurf weise ich mit allem Nachdruck von mir.

Gemacht, kein Versehen ist das folgende berühmte Beispiel einer Kontamination:

> Ich saß neben Salomon Rothschild und er behandelte mich ganz wie seinesgleichen, ganz famillionär.
> (Heinrich Heine: Die Bäder von Lucca)

Versprecher sind Alltag. Wir bemerken sie nicht, ja als Rezipienten korrigieren wir sie automatisch. Nur die witzigen und scheinbar erhellenden werden gesammelt und tradiert. Verschreiber sind da schon manifester. Aber auch bei ihnen zeigen sich ähnliche Verfahren.

Auch Verschreiber können bewusst und kreativ verwendet werden. So gibt es im anglophonen Bereich Sammler von sog. *eggcorns*, eben ein Verschreiber von *acorn*. Die Urmutter hier:

> Even a blind squirrel will find an eggcorn once in a while.

Ein weiteres Ratebeispiel:

> Your response to my questions was disrespectful and ad homonym.

In Jerusalem finden Amerikaner die Via de la Rosa und im italienischen Restaurant Chicken Catch-a-Tory. Da werden wir caccofonia auch bald finden. Für Sprachbegabte noch diese:

> My theory was dismissed right out there by *reductio and absurdum*.
>
> Dr. Rabianski agreed and asked that the Committee discuss the issue even if it is a *fate accompli.*
>
> *Lazy Fare* Capitalism is not enough.
>
> Our Ankela is a little pre-madonna.

Die folgenden – sie werden zwar nicht egghorns genannt – sind aber gewollt und extra gemacht.

Wenn Vati glaubt, ich helf im
Garten, dann Cannabis er schwarz
wird warten.
Susanne Strauß

Woher du kommst, wo Hindu
gehst, du Inder Regel nie
verstehst.
Michael Schönen

Ich tanke bitte Superblei,
füll'n Sie mir 'n Litanei.
Lino Wirag

Die Menschen hinieden
Sinfonie zufrieden.
Maik Tändler

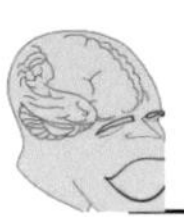

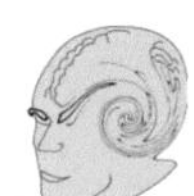

Besonders die dialektalen und sprechsprachlichen tun wohl so, als seien sie auch Verhörer. Und Verhörer sind tatsächlich kreativ und bisher kaum erfasst. Es gibt da zwar das bedrohliche „Hab ich mich da verhört", mit dem gemeinhin Redeverbot erteilt wird, etwas so zu sagen oder überhaupt zu sagen. Dann mag auch mal ein Missverständnis bewusst werden, das auf einen Verhörer zurückgeht wie hier bei den Alltagbeispielen:

Wow! Mit Riesenfleisch. – Mit miesem Fleisch? – Riesen!

Das ist recht. – Wieso schlecht? – Recht, recht!

Im Grunde geht es mit Verhörern eben so wie mit Versprechern: Wir passen sie automatisch sinnvoll an und ein. Das wird besonders deutlich, wenn die Kompetenz noch nicht ausreicht und Kinder oder Lerner Äußerungen anreichern:

Oh Tannenbaum, wie grinsen deine Blätter.

Der Riese haust in New Orleans.

Poetische Variation und die charmante Wandlung von Matthias Claudius:

Morgen früh, wenn Gott will, wirst du wieder gewürgt.

Und aus den Wiesen steiget
der weiße Neger Wumbaba.

Wir Menschen sind Sinntiere, wir wollen, dass Gesagtes Sinn macht, und wir unterstellen dem Partner, dass er Sinnvolles äußert – meistens jedenfalls. Das geht meist glatt, nur manchmal bricht es auf. So wenn der spanische König für seine Verdienste Kolumbus zum Witzekönig von Südamerika macht.

Oder wenn Seehofer und Merkel
harmonieren wie einäugige Zwillinge.

Polyphem

Hej, Mister Spooner – Herr Meisterspooner!

Gestatten Sie mir, hiermit ein neues Wort zuvorschlagen, oder gleich zwei, sogar einen Anglizismus. Wir alle sind nämlich *Spooner* – meist ohne dass es bemerkt wird. Auch Politiker *spoonern* und, da sie in der Öffentlichkeit stehen und unter Beobachtung, kursieren ihre Produkte; sie sind eben Schauspüler auf der Biehne. So lehrte uns einst Helmut Schmidt, dass auf grobe Keile auch grobe Klötze gehören, und Ulrich Klose meinte zur Opposition: Wir pfeifen nicht nach Ihrer Tanze.
Verräterisch müssen *Spoonereien* nicht immer gleich sein. Angela Merkel redete – wen wohl? – so an: Lieber Roland Kotz – äh Koch. Minister Nebel wollte Migranten helfen und meinte: Hilfreich ist die deutsche Strafe. Da kann man nur stuzimmen.
Manche Arten dieser Neubildungen sind *Spoonereien* und stinguilistisch ganz gut erfasst. Helen Leuninger hat eine Reihe von Beispielen aus dem Alltag aufgelistet, so tiefsinnige Bemerkungen wie: „Der Mensch ist doch sehr hormonisch und die Frau reizt nicht mit ihren Geizen" (was nicht zu der erwähnten Schweinschwangerschaft führen möge).
Ein Wink mit dem Faulzahn?
Heimwerker können selbst *Spoonereien* (= Spinnereien) basteln. Eine Grastelbuppe hat folgende ausbaldowert:

Bartzitter-Schokolade – Baufensterschummel – Dissenswurst – Einlaufskiste – Fabelkernsehen – Faltweiberastnacht – Findelgeschwühl – Fintentisch – Fluppenschechte – Gelenkschaden – Hasenreizung – Hochzuckdrone – Hodenbeizung – Kotztropf – Kuseschmatze – Maschwaschine – Pöbelmacker – Rattenschiss – Schluckerzecken – Schnabelkur – Speckhoiler – Strandleicher – teesüchtig – Webelnerfer

Übrigens, mit Löffeln wird es der *Spooner* nicht tun. Namengeber war ein Engländer namens Spooner, der viele aufgelistet oder vielleicht selbst produziert hat. Jedenfalls, wir kennen die wahren *Spooner* und denken: Verwahlsprechen sind doch nur Wahlversprecher!

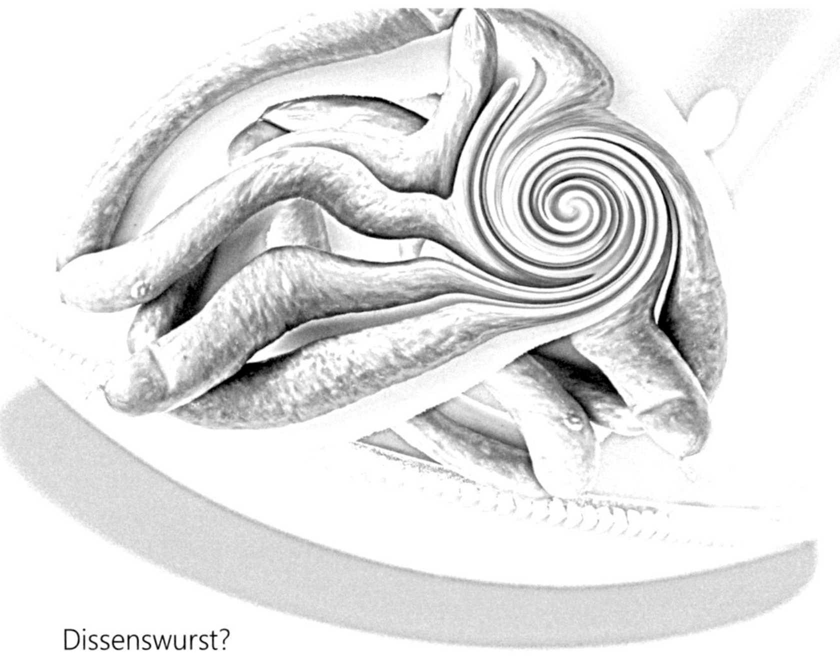

Dissenswurst?

Dickfinger?

Hab ich mich da verhört?!

Ja, das klingt bedrohlich. Das hättest du nicht sagen dürfen oder so sagen. Also lass das, bitte!
Eingreifen in ein kommunikatives Grundrecht. Denn jeder darf sagen, was er will und wie er es will. Er muss nur die Folgen bedenken und tragen.
So schlimm ist das beim Verhören (nicht gemeint in Verhören) meist nicht. Hier erst mal ein Fall, bei dem sozusagen ein Wort überhört wurde.

> Eine Richterin hatte sich verhört. Sie war dem Antrag des Staatsanwalts gefolgt, hatte ihn aber falsch verstanden. Ein Jugendlicher, der mit einem Mittäter einen Freier überfallen und beraubt hatte, bekam dafür Jugendstrafe auf Bewährung. Der Staatsanwalt hatte in der Sitzung ein Jahr und sechs Monate auf Bewährung gefordert. Irgendwie kam das wohl raus. Und so wurden aus sechs Monaten in zweiter Instanz acht Monate auf Bewährung.

Was anfangs wie ein glücklicher Verhörer klang, wurde dann – leider? – doch korrigiert.

> Neulich war ich etwas erstaunt. Eine Gruppe diskutierte heftig über TTIP, dachte ich. Als ich bisschen mehr hörte, merkte ich: Es ging um die verschiedenen Sorten Tee und ganz international, vor allem wie der tea jeweils zuzubereiten ist. Da dachte ich, die haben doch einen im Tee.

Verhörer können auch kreativ und lustig sein. Wissen Sie, was Mondegreens sind? Angeblich hat Sylvia Wright den Ausdruck ins Spiel gebracht nach eigener Erfahrung. Sie hatte als Kind die alte schottische Ballade The Bonny Earl of Murray gehört:

> They hae slain the Earl O' Moray,
> And Lady Mondegreen.

Aufgeklärter merkte sie dann, der Vers hieß:

They hae slain the Earl O' Moray,
And laid him on the green.

Ein bisschen neuer ist der zu Creedence Clearwater Revival:

There's a bathroom on the right.
für
There's a bad moon on the rise.

Der kreative Axel Hacke hat einige gesammelt in seinem Buch mit dem Titel: Der weiße Neger Wumbaba. Aus Kindermund. Den kennen Sie ja schon aus „Der Mond ist aufgegangen".

Ich bin zwar kein Kind mehr, kann mich aber ganz gut kreativ verhören.

Es tobt der Hamster vor meinem Fenster.
Es tobt der Hass da vor meinem Fenster.

Mit englischen Titeln geht das Verhören besonders gut.

Sie kennen sicher die Agathe Bauer von Snap, oder? (= I got the power)

Anneliese Braun von den Mamas & Papas könnte man auch noch erwähnen (= All the leaves are brown)

Can we rewind and just watch porn? (Can we rewind it just once more?)

If you wanna kiss this guy. (If you wanna kiss the sky.)

The beauty I had in sodomie. (The beauty I had inside of me.)

Hier meine Spitzenreiter:

Oma fiel ins Klo.
Oh, Anneliese, popel nicht.

Raten Sie es?

Italienisch bitte aus dem Lied Laura non c'e:

Laura dov'è, mi manca sai = Lauter Doofe niemand gscheit.

Tatsächlich hat mir meine Mutter neulich gesagt, dass sie bei Nenas 99 Luftballons statt Streichholz und Benzinkanister streichelten Benzinkanister verstanden hat.
Bissl deftiger:

> Just look me in the eyes, and say I'm wrong.
> Just look me in the ass, and say I'm raw.

Die Zeile aus dem Lied „Der Mond ist aufgegangen" heißt richtig:

> . . . und aus den Wiesen steiget, der weiße Nebel wunderbar.

Das wussten Sie doch?

Ein Herr namens Grice

Guten Tag, herzlich willkommen bei Tick and Click. Was kann ich für Sie tun? Wir bieten jetzt als Besonderheit das X-Y-Z-Paket. Dieses Telefonat möchten wir aufzeichnen. Wenn Sie damit einverstanden sind, sagen Sie bitte ja.
Jo mei.
Entschuldigung, ich habe Sie nicht verstanden.
Jaaa!
Entschuldigung, ich habe Sie nicht verstanden.
Ja.
Möchten Sie bei uns Kunde werden? Dann drücken Sie die #.
Haben Sie eine Frage zu Ihrer Rechnung? Dann drücken Sie ##.
Möchten Sie eine Störung melden?
Störung.
Sie möchten eine Störung melden. Sie können Ihre Störung auch übers Internet melden.
Nein, will ich nicht! Weiter! Weiter!
Unsere Adresse: www.tick_and_click.com. Bitte sagen Sie mir Ihre Kundennummer.
KK 12-000007245
Entschuldigung, ich habe Sie nicht verstanden.
Ihr tickt wohl nicht richtig!
Entschuldigung, ich habe Sie nicht verstanden.
Persönliche Beratung! Persönliche Beratung, verdammt noch mal!
Entschuldigung, ich habe Sie nicht verstanden. Bitte sagen Sie mir Ihre Kundennummer.
KK 12-000007245
Ich habe verstanden: KK 12-000007245
Ja.
TickandClick möchte in einer Umfrage die Kundenzufriedenheit ermitteln. Dürfen wir Sie dazu zurückrufen?
Störung! Störung!
Gut. Ich verbinde Sie jetzt mit Ihrem persönlichen Berater.
Aah! Jaa!
Tut mir leid. Zur Zeit sind alle unsere Berater im Gespräch. Bitte versuchen Sie es später noch einmal.

Warum regt uns sowas so auf? Nun, die Maschine ist einfach blöd. Sie kann nicht wie ein Mensch kommunizieren.

Menschen halten sich grundsätzlich an zwei Maximen:

Sag, was zu sagen ist.

Sag nicht mehr und nicht weniger.

Quatsch! werden Sie sagen. Da kenn ich ganz andere. Es ist auch nicht so einfach gemeint. Gemeint ist, dass ich, was Sie sagen, anders verstehe, wenn Sie sich nicht an die Maximen halten. Beispiele gefällig? Wenn Sie sagen, Sie haben Durst, und wenn Sie es zwei Minuten später wieder sagen, dann ist das nicht das Gleiche: Sie haben sich wiederholt und Sie haben vielleicht die versteckte Aufforderung verstärkt und noch mehr.
Oder ich frage Sie, wie viel Uhr es ist, und Sie antworten „Zwei", dann ist das erst mal genug. Wenn Sie sagen „14 Uhr", dann kann schon etwas mehr drinstecken. Und wenn Sie noch etwas mehr sagen wie „so zwei", dann haben Sie auch gesagt, dass Sie nicht ganz sicher sind. Das kann natürlich bei der Kurzform auch der Fall sein. Aber gesagt haben Sie es nicht.
Wem gehen Schwaller und Dummschwätzer nicht auf den Keks. Aber was ist eigentlich schwallen? Auf jeden Fall tröstlich dieser Netzfund: „Meine Mama hat mir verboten bei Mädchen zu schwallen." Eine gebrannte Mama? Ja, wenn das so einfach wär. Aber es ist schon plausibel, wenn der Junge nur Scheiße schwallt oder die Mädchen voll- und zuschwallt. Auch hier geht es um das Relevanzprinzip der Kommunikation, ein natürliches Grundprinzip, das besagt, dass man nur Relevantes sagen sollte. Aber das hat es in sich. Relevant für wen? Für mich oder für die andere? Woher sollte die andere denn wissen, was für mich relevant ist. Sie kann es nur vermuten. Vielleicht täuscht sich der Schwaller hierin ganz naiv. – Denken wir Naivlinge?

So läuft der Jüngling beim Schwallen
Auch schon mal in Fallen.

Nicht für alle ein Genuss.
Für viele einfach Stuss.

Es spielen mit Grice Carlo Manzoni und sein Signor Veneranda.

Die leere Wohnung (1966)

Signor Veneranda läutete die Türglocke und wartete. Da niemand kam, um ihn einzulassen, läutete er viele Male, bis ein Herr die Treppe herunterkam und ihm sagte, dass die Wohnung leer sei.

„Leer?“ fragte Signor Veneranda, „sind auch keine Möbel drin?“

„Die Möbel sind wohl drin“, sagte der Herr, „aber die können nicht an die Tür gehen und aufmachen.“

„Auch wenn sie es könnten, interessiert es mich nicht“, sagte Signor Veneranda, „ich will gar nicht, dass mir aufgemacht wird. Wenn ich wollte, dass man mir aufmacht, würde ich an der Wohnung gegenüber läuten. Ich bin sicher, dass diese bewohnt ist.“

„Sie wussten also, dass da niemand drin ist?“ fragte der Herr, der langsam begriff, dass er nichts verstand.

„Sicher wusste ich es“, sagte Signor Veneranda, „und gerade deswegen habe ich geläutet. Wenn Leute drinnen wären, würde ich mich hüten, zu läuten.“

„Ich verstehe nicht“, sagte der Herr.

„Läuten Sie bei Leuten, die Sie nicht kennen?“ fragte Signor Veneranda.

„Natürlich nicht“, sagte der Herr.

„Ich auch nicht“, sagte Signor Veneranda. „Da ich also die Leute, die in dieser Wohnung hausen, nicht kenne, hüte ich mich zu läuten, wenn sie zu Hause sind.“

„Und wenn sie nicht zu Hause sind?“

„Wenn sie nicht zu Hause sind, sind sie eben nicht da und kommen nicht aufmachen, ist das klar?“ sagte Signor Veneranda.

„Leider nicht . . .“, stotterte der Herr, überwältigt von der seltsamen Logik.

„Leider nicht, leider nicht . . .“, schrie Signor Veneranda, weil er die Geduld verlor, „Sie sind ein alter Schwätzer, sonst nichts!“

Und Signor Veneranda zuckte die Achseln und stieg brummend die Treppen hinunter.

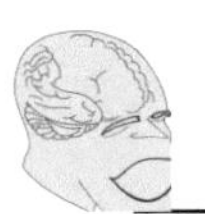

Hinter unserer Antwort-Maschine stecken natürlich Menschen, die das mit Ihnen machen. Es ist eine Machtfrage.
Nun fragen Sie mich, was Sie da tun können. Gar nichts!
Vielleicht mitspielen. Oder? Einfach auflegen.

Ein kleines Nachwort:
Schwallen ist natürlich keine Erfindung der Neuzeit. Schwallen gab's vor dem Wort. Sei es eben schwätzen, quatschen, quasseln, labern, palavern oder schwadronieren. Beim letzten komme ich auf eine Variante, das Bramarbasieren. Sein Erfinder Bramarbas steht in der Tradition aufgeblasener Soldaten seit einer Komödie des Plautus. Er lebt auf im Barock und von seinen großen Kriegstaten – in Worten. Als junger Mensch hörte ich die Alten bramarbasieren, wenn sie erzählten, wie viel Flaschen Wein sie geköpft hatten pro Nase oder wie viele Orgasmen pro Nacht sie zu Stande gebracht hatten – eigene und fremde. Aber wie wäre es, wenn sie sich eigentlich nur wunderten und erzählen wollten, wie schwach und wie minder sie jetzt sind?

Ich wil hie schriben
von diesen tvmben wiben
was hie wirt plapla gesprochen
uppigs in der wochen
was wirt alles wol gedaht
so es wirt für den richter braht

Ein altes Bild in der Kirche.
Und das Ganze von
Teufelchen gehalten.
Wie ernst war das?

Hier spricht der Minimalist.

Wegauskunft

Entschuldigen Sie, ich hab mal ne Frage. Können Sie mir sagen, wie ich zum Gänsemarkt komme. Ich habs sehr eilig.
Das is aber ne ganz schöne Ecke zu laufen.
Ja?
Ja, ne halbe Stunde.
Oh.
Ja, von hier aus mindestens.
Ogott Ogott!
Na gut, also zwanzig Minuten.
Ja, wie komm ich dahin?
Wohin genau?
Hotel Storch.
Zum Hotel Storch wollen Sie? Das ist ein sehr schönes Hotel. Meine Oma war letztes Jahr zu Besuch. Da hat sie dort gewohnt. Da werden Sie gut aufgehoben sein. Sie gehen . . .
Ja?
Noch besser wäre es aber, wenn Sie . . .

Die Bibel sagt uns: „Eure Rede aber sei: Ja, ja; nein, nein."
Der Slogan ist etwas paradox. Denn ein Ja und ein Nein würden genügen. Er gilt aber nicht nur für Antworten, er ist ein Ableger der zwei Grundprinzipien menschlicher Kommunikation:

Sag, was zu sagen ist.
Nicht mehr und nicht weniger!

Insofern ist die biblische Fortsetzung auch ok: „Was darüber ist, das ist vom Übel." Was kann passieren, wenn jemand sich nicht an die Prinzipien hält? Erst einmal gar nichts. Weil wir Verstehenden schon damit umgehen können. Wir halten uns an die Prinzipien und verstehen einfach anders (oder mehr).

Wer zu viel sagt, wird zum Schwätzer. Er ist eine Plaudertasche. Im Detail kann aber mehr passieren.

facebook gibt uns ein Versprechen: Es macht die Funktionen, die dem Schutz der Privatsphäre dienen, noch einfacher.

Ja schau, die waren doch immer schon so einfach! Oh, die Wörtchen *noch, doch, schon* und *jetzt* und *heute* geben allerhand her für Scheiße in Geschenkpapier.

Liebling, schaust du heute aber gut aus! – Und gestern?

Tödlich kann schon mal werden:

„Liebst du mich noch?"

Ziemlich lang ist auch dieser Paragraph der StVO geworden:

> Gelten die Lichtzeichen nur für zu Fuß Gehende oder nur für Rad Fahrende, wird das durch das Sinnbild „Fußgänger" oder „Radverkehr" angezeigt. Für zu Fuß Gehende ist die Farbfolge Grün-Rot-Grün; für Rad Fahrende kann sie so sein. Wechselt Grün auf Rot, während zu Fuß Gehende die Fahrbahn überschreiten, haben sie ihren Weg zügig fortzusetzen.

Der Paragraph hat ja für genug Freude gesorgt. Besonders schön ist die innere Absurdität. Ich stell mir schon mal das sexistische Fußgänger-Icon vor.

Soll das der Präzision dienen, eine bessere Formulierung? Bisher ist nichts davon bekannt geworden, dass eine Verkehrssünderin (sit venia verbo) vor Gericht argumentiert hätte, sie sei mit Radfahrer doch gar nicht angesprochen. Und erst recht nicht, eine hätte das gemeint.

Hier geht es um etwas Anderes. Es geht auch nicht nur um das Gesagte, sondern um das Gezeigte.

Mit solchen Formulierungen soll gezeigt werden, dass Schreiber und im Gesetz wohl die Gesellschaft sich des Sexismus-Problems bewusst ist. Aber muss man das immer wieder und gezwungen zeigen? Ich muss darunter leiden. Muss ich immer wieder mit dem Gleichen belehrt werden? Warum?

Das Unübliche verlangt mehr Verstehensaufwand und das ständig nebenbei Gezeigte noch mehr (und ist keineswegs präziser). Und dennoch scheint: So wird das Genus zum Genuss, für manch eine. Sorry, auch für manch einen.

Nun sollte man aber nicht meinen, es gebe ein Maß, sagen wir einmal ein verallgemeinertes oder verallgemeinerbares Maß der Explizität, der Kürze und der Länge. Was lang und was kurz, was zu lang und zu kurz, wird in der Kommunikation sich erweisen, zwischen den Partnern. Es ist ein Verstehensproblem. Das Maß ist für A, was er sagen möchte und, ob B versteht, was er sagen möchte. Davon ist natürlich nicht betroffen, dass A nach seinem Geschwätz nicht klüger sein könnte, etwa weil er gemerkt hat, dass er anders verstanden wurde, als er es wollte.

All dies klingt vielleicht für manch eine etwas rigide. Aber im Leben ist es so wie vor Gericht: Alles, was du sagst, kann gegen dich verwendet werden. Positiv gesprochen: An allem, was du sagst, kann ein guter Versteher sich ein Bild von dir machen. Und er macht sich auch eins. Du weißt selbstverständlich, dass du daran mitwirkst. Du wirst dich danach richten. Hoffentlich!

Eine indirekte Verwandte des Geschwätzes ist uns auch bekannt. Drumrum geredet:

> Ja, Franco. Das schleppe ich schon ein Jahr mit mir rum. Bevor ich mit dir zusammengekommen bin, habe ich einen anderen Mann kennen gelernt, mit dem was gelaufen ist. Das Schlimme an der Sache ist, dass ich an einem Tag euch beide gedatet hab. Mittags waren wir im Kino und haben schön geknutscht. Und abends mit dem anderen Mann, wo auch was gelaufen ist.
>
> Eigentlich find ich das nicht so schlimm. Aber du sagst so, dass was gelaufen ist. Was denn so?
>
> Es war sogar sehr schön mit dem anderen Mann.
>
> Was war schön?

Ja, und da spielen auch die kleinen Wörter mit wie *eigentlich, immer, dauernd, nie.* Zum *aber* und dem *also* kommen wir vielleicht noch.

> Die Polen sind doch nett.
>
> Die Polen sind doch nicht blöd.

Die „dochs" weisen darauf, dass es gegen die Erwartung ist. Die Erwartung aber ist ein hintergründiges Stereotyp. So zeigt sich, dass wir es doch mit Stereotypenträgern, zumindest Kennern zu tun haben. Kommen wir überhaupt raus?

Überlegen Sie: Welche Antworten könnten Sie erwarten auf:

> Hat deine neue Küche auch einen Abzug?

Oder:

> Hat deine schöne neue Küche auch einen Abzug?

Bedenke auch: Wer viel redet, hat wenig Zeit zum Zuhören.
Und das könnte ja auch ganz gut sein.

Spieglein, Spieglein an der Wand

Wenn gelacht wird, lache ich mit. Wenn du lächelst, lächle ich zurück und wenn Leute gähnen, reißt es uns mit. Ja, wenn wir einen steilen Skiabhang hinunterpratzeln, dann können wir uns darauf einstellen, wie die anderen sich bewegen werden, und es einrechnen. Ich weiß oft schon 20 m vorher, ob jemand nach rechts rausgeht. (Sicher bekommen Sie es auch mal mit Bewegungsidioten, im etymologischen Sinn von „Idiot" zu tun.)

Psychologen haben herausgefunden, dass wir in Sekundenschnelle und automatisch reagieren auf Gesichtsausdrücke. Es ist eine emotionale Ansteckung. Sie ist uns angeboren, hat sich in der Evolution entwickelt. Wir sind hier nahe bei den Spiegelneuronen. Aber das überlasse ich lieber den Fachleuten, mögen es welche sein oder sich als solche geben.

Übrigens, Sie wissen natürlich, dass Menschen auch anders können. Die kulturelle Evolution mischt mit. Eine Russin war immer wieder überrascht, dass man in Deutschland von Fremden so angelächelt wird. Für sie bedeutete Anlächeln viel mehr. Sie verstand mit der Zeit, sagte sich: Ich lächle einfach zurück.

Basis jeder Kommunikation ist Koordination, der Gleichklang zum rechten Verstehen, poetischer: so wie ein Zinken der Stimmgabel mitklingt und mitschwingt, wenn der andere angestoßen wird. Linguistisch gesprochen geht es um das Gemeinsame Wissen, das fürs Verstehen entscheidend ist. Nicht einfach, dass wir wissen, was alle zu wissen glauben. Es geht auch nicht um Wahrheit: Es geht um Koordination. Natürlich nicht um gewollte, sondern ganz wie bei der emotionalen Ansteckung um Automatismus. Und das kann gefährlich werden und recht knifflig. Dazu die (gut?) erfundene Kommunikation.

Version 1

Es sage die Frau zu ihrem Ehemann:

Du hast die Badewanne geputzt.

A1: Die Frau geht davon aus, dass das schlecht ist, weil er ein zu scharfes Putzmittel verwendet.

B1: Der Mann geht davon aus, dass er sich gut verhalten hat, indem er sich beteiligt.

Nach dem gängigen Mann-Frau-Stereotyp werden Sie annehmen, die Äußerung sei ein Lob. Der Mann vielleicht auch. Die Frau meint es aber als Tadel, aktiviert ein spezifisches Wissen. Daraus entsteht ein glattes Missverständnis. Sehen Sie bitte:

Version 2

Es sage die Frau zu ihrem Ehemann:

Du hast die Badewanne geputzt.

A1: Die Frau weiß, dass ihr Mann sich bei der Hausarbeit beteiligen will und dass er nicht weiß, dass er ein zu scharfes Putzmittel verwendet.

B1: Der Mann geht davon aus, dass er sich gut verhalten hat, indem er sich beteiligt.

Nun aber ändern wir den Zustand des Gemeinsamen Wissens weiter und heraus kommt noch etwas anderes.

Version 3

Es sage die Frau zu ihrem Ehemann:

Du hast die Badewanne geputzt.

A1: Die Frau weiß, dass ihr Mann sich bei der Hausarbeit beteiligen will und dass er nicht weiß, dass er ein zu scharfes Putzmittel verwendet.

B1: Der Mann weiß, dass er normal ein zu scharfes Reinigungsmittel verwendet, hat aber ein sanfteres verwendet. Weiß aber auch, dass A1.

Hier werden zwar beide das als Lob verstehen, aber doch unterschiedlich. Die Frau lobt seine gute Absicht, er aber sieht seine Handlung gelobt – und wird es wieder tun. Letztlich wäre das Verstehensproblem nicht ausgeräumt.

Ein Renner in Ehetherapien

Nach 50 Ehejahren saß ein Paar beim Frühstück.

Die Frau schnitt das Brot an und dachte: „Seit 50 Jahren verzichte ich auf das knusprige Stück, weil ich es meinem Mann gebe. Heute will ich es mal selbst!"

Ihr Mann reagiert hocherfreut: „Du machst mir eine große Freude! Seit 50 Jahren esse ich den Anschnitt, obwohl ich ihn nicht mag. Ich dachte immer, dass er dir nicht schmeckt!"

Tragisch? Ja, wegen der mangelnden Kommunikation, die dahintersteht – so sagt man. Ob es wohl noch mehr davon gibt?

Vielleicht noch ein Treppenwitz.

1. Ein Bekannter grüßt nicht.
2. Ich denke, dass er mich nicht grüßen will.
3. Ich gehe davon aus, dass er mich ablehnt.
4. Ich ärgere mich.
5. Ich grüße ihn auch nicht mehr.

Indifferent? Vom Egalen zum Eigentlichen.

Ein Webfund.

Gehen wir zum Italiener oder zum Griechen?

Ist mir egal. Entscheide du, Schatz.

Wie, das ist dir egal.

Na . . . es ist mir eben egal.

Wie kann dir das egal sein? Ich meine: Italienisch ist etwas komplett anderes als griechisch . . .

Ich weiß, aber mir ist das eben komplett egal. Ich mag beides gleich gern.

Gleich gern? Wie kannst du beides gleich gern mögen? Das eine hat mit dem anderen nichts zu tun!

Doch, es schmeckt eben gleich gut.

Das tut es nicht! Es riecht anders, es schmeckt anders und abgesehen davon wird es in zwei verschiedenen Restaurants gekocht, zubereitet und serviert. Du kannst nicht in beiden gleichzeitig sein! Du musst dich entscheiden!

Na gut, na gut – jetzt reg dich wieder ab! Dann essen wir eben . . . italienisch. Ok?

Ok! . . . Und warum?

Wie jetzt warum? Du wolltest doch, dass ich mich entscheide und das habe ich getan. Was passt dir denn nun schon wieder nicht?

Naja, ich habe mich eben nur gefragt, wieso ausgerechnet italienisch. Du hättest doch genau so gut griechisch sagen können . . .

Stimmt, das hätte ich tun können, aber ich habe mich für die italienische Küche entschieden.

Ja, aber warum? Warum hast du dich GEGEN das griechische Restaurant entschieden?

Das habe ich doch gar nicht.

Doch, du scheinst ja italienisch zu bevorzugen. Und wenn du nun mal die Wahl hast zwischen dem einen und dem anderen und dich FÜR das eine entscheidest, entscheidest du dich GEGEN das andere!

Nein! Das tue ich nicht, ich mag beides gleich, das habe ich doch schon gesagt. Jetzt fang nicht schon wieder an! Außerdem hast du mich ja erst vor diese Wahl gestellt!

Ok, schon gut. Dann sag mir doch stattdessen, was du noch lieber magst als italienische Küche?

Keine Ahnung.

Siehst du, das meine ich.

WAS meinst du?

Was ist deine Lieblingsküche?

Meine Lieblingsküche? Was soll diese blöde Fragerei? Ich mag eben gutes Essen, egal woher es kommt oder wer es macht.

Ach so. Dann sag mir doch bitte, was dein Lieblingsessen ist.

Keine AHNUNG! Ich HABE kein Lieblingsessen!

Siehst du!

WAS DENN?

Du . . . du . . . du weißt einfach überhaupt nicht, was du willst! Du weißt nicht, was du magst und was nicht! Du hast keinerlei Präferenzen. Alles ist bei dir immer nur gleich. Dein Geschmack ist ein einziges riesiges Grau!

Ist er nicht!

Doch! Ich beispielsweise LIEBE italienische Küche! Von allen Restaurants dieser Welt würde ich in meiner persönlichen Top Ten italienische Restaurants mit absoluter Eindeutigkeit auf Platz eins setzen. Sicher habe ich irgendwann auch mal Lust auf indisch oder mexikanisch, aber das ändert nichts daran . . .

. . . ich mag zum Beispiel kein mexikanisch.

Ach!?! Sieh mal einer an. Und warum nicht?

Weil es mir zu scharf ist. Ich mag es nicht so scharf.

Nicht alle mexikanischen Speisen sind scharf, es gibt unscharfe.

Ja, aber es schmeckt mir einfach nicht, wenn es so scharf ist!

Das passt ja wieder zu dir.

Was passt zu mir?

Unscharf. Du bist genauso wie das Essen, das du magst.

Vielen Dank, Mister Scharfsinn! Ich zerbreche mir nur nicht mein schönes Köpfchen über Banalitäten. Was spielt es denn für eine Rolle, ob ich zum Beispiel Kartoffeln lieber mag als Reis. Warum muss ich das wissen?

Damit du es eben weißt!

Ah ja. Und was nützt mir das? Warum sollte ich das wissen müssen? Was zum Teufel spielt das für eine Rolle?

Eine entscheidende! Eine Frage von existenzieller Relevanz!

Ob ich Kartoffeln oder Reis lieber mag??

Gewissermaßen schon! Aber nicht wegen der Kartoffeln und so. Nein, was ich meine ist die schlichte und doch bedeutende Frage: Was will ich? Ohne Antwort kannst du dich nicht entscheiden.

Ja und? Ich WILL mich ja auch nicht entscheiden! Du willst, dass ich mich entscheiden soll, ICH will das nicht!

Aber das MUSST du doch! Jeder muss sich doch irgendwann mal im Leben entscheiden . . .

Soso. Und du dachtest dir jetzt, dass die Zeit gekommen ist, wo ich das tun muss.

Nein, ich frage mich nur, was du eigentlich willst? Und es fällt mir nicht wirklich leichter, eine Antwort auf diese Frage zu finden, wenn du das selber gar nicht zu wissen scheinst.

Jetzt WILL ich jedenfalls bald mal was essen . . .

Sieh an . . . und WAS willst du bitte essen?

Oh Mann! Das ist mir scheißegal. Wieso können wir nicht endlich irgendwo hinfahren und IRGENDETWAS essen?

Ok. Was denn?

JETZT HÖR AUF mich zu provozieren! Mittlerweile ist mir eh der Appetit vergangen. Ich werde jetzt gehen. Vielleicht weiß ich nicht immer, was ich will, aber meistens doch, was ich nicht will . . .

. . . ja, dich entscheiden zu müssen zum Beispiel!

Danke Desdemona. Dem hab ich nichts hinzuzufügen – außer: Das kenn ich gut! Bloß die Rollen umgekehrt! Falls sie verteilt sind.

Die Magie der Sprache

Das ist das Motto, unter dem neuerdings Alexa vorgestellt wird. Sie bringt angeblich echte Lebensqualität. Ich frage sie irgendwas und bekomme direkt eine Antwort. Irgendeine Antwort. Denn Alexa muss ja aus der Cloud (wie Amazon wirbt) schöpfen. Schade nur, dass es die Cloud nicht gibt. Aber immerhin viele Clouds. Klar, Amazon schöpft aus der besten.

In der Anleitung bekomme ich erst mal etwas gezeigt, was man so fragen könnte. Zum Beispiel: Alexa, wie ist das Wetter heute? Da sie weiß, wo sie ist, wird sie eine brauchbare Antwort geben, eben wie Wetter-Apps im Netz. Ich denke, für morgen kommt die Antwort gleichermaßen verlässlich. Aber für gestern ist sie ulkigerweise nicht so sicher. Probieren Sie es.

Im Netz kursieren ja nun auch Witze, was Alexa so versteht:

Alexa, was ergibt dreimal sieben? – Feines Pulver.

Aber auch witzige Antworten soll sie wirklich gegeben haben:

Alexa, warum ist die Banane krumm? – Weil niemand in den Urwald zog und die Banane grade bog.

Alexa, was ist der Sinn des Lebens? – 42, aber vergiss dein Handtuch nicht.

Ja, und da wäre dann die Konkurrentin. (Übrigens wunderbar, dass alle Frauen sind. Ein Wunder der Emannzipation!). Sie ist wirklich von der Konkurrenz, nämlich Microsoft. Sie heißt Cortana (die dritte in der Intelligenzkonkurrenz Siri muss ich leider mal außen vor lassen.) Weil ich kein Freund von Hardware bin, geh ich also zu Cortana, eine Schriftliebhaberin. Die reagiert leider nicht so direkt oder gar persönlich. Und sie geht meistens ins Internet und bietet ein Sammelsurium. Darum bekommt man auch nicht so tolle Antworten. Doch verhören tut sie sich nicht.

Aber was macht sie mit Verschreibern

wie fiel er ins wasser

Ergebnis:

wieviel er ins wasser.

So viel Wasser sollten Sie wirklich trinken

Ganz überrascht war ich bei der nächsten Frage: Sie kuckt auch auf meinen Computer. Das werte ich als Kompliment. Dass da so viel Intelligenz versammelt gesehen wird, spricht für Cortanas Klugheit.

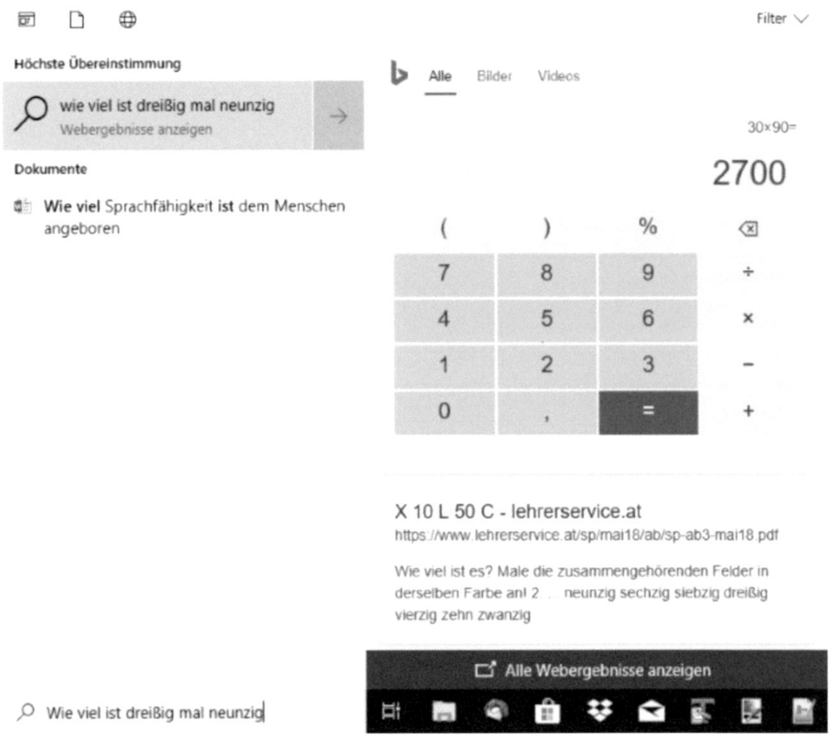

Filter

Höchste Übereinstimmung

wie viel ist dreißig mal neunzig
Webergebnisse anzeigen

Dokumente

Wie viel Sprachfähigkeit ist dem Menschen angeboren

Alle Bilder Videos

30×90=

2700

( ) %
7 8 9 ÷
4 5 6 ×
1 2 3 −
0 , = +

X 10 L 50 C - lehrerservice.at
https://www.lehrerservice.at/sp/mai18/ab/sp-ab3-mai18.pdf

Wie viel ist es? Male die zusammengehörenden Felder in derselben Farbe an! 2 … neunzig sechzig siebzig dreißig vierzig zehn zwanzig

Alle Webergebnisse anzeigen

Wie viel ist dreißig mal neunzig

Aber doch noch eine Frage bitte:

Lebt Chuck Berry noch?

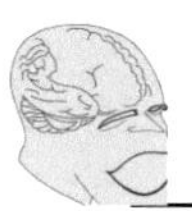

Ergebnis:

Chuck Berry lebt noch (Aktualisierung August 2018 . . .)

Eine neue Welle an Chuck Berry-Sichtungen. Sehr viele Fans sind davon überzeugt, dass es sich beim Video um einen überzeugenden Beweis dafür handelt, dass Chuck Berry noch immer lebt.

Sie werden ja sicher noch weiter recherchieren.

Gut, insgesamt dürften wir Menschen so klug sein, zu lernen, was sich zu fragen lohnt und wie mit den Antworten umzugehen ist. Jeder das Ihre, jedem das Seine. Aber gab es da in den 60er Jahren nicht schon eine Vorläuferin?

Es ist ELIZA, die seinerzeit Joseph Weizenbaum entwickelte, mehr ein fake, um Therapeuten und ihre Methoden zu veräppeln. Hier drei Kommunikationsversuche. ELIZA weiß zum Beispiel über sich selbst Bescheid.

Human: Wer ist ELIZA?
Eliza: ELIZA ist ein 1966 von Joseph Weizenbaum entwickeltes Computerprogramm, das die Möglichkeiten der Kommunikation zwischen einem Menschen und dem Computer über natürliche Sprache aufzeigen sollte. Es konnte verschiedene Gesprächspartner simulieren. Bekannt wurde es für die Simulation eines Psychotherapeuten, der die Methoden Carl Rogers verwendet.

Human: Rätsel, bitte!
Eliza: Ein Mann sagt zu einem anderen: „Ich werde Dir eine Frage stellen, auf die es eine eindeutig richtige Antwort gibt – entweder ja oder nein –, aber es wird Dir unmöglich sein, meine Frage zu beantworten. Möglicherweise wirst du die richtige Antwort kennen, aber du wirst sie mir nicht geben.
Jeder Andere wäre vielleicht in der Lage, die Antwort zu liefern, du aber nicht." Welche Frage wird er ihm stellen? (Den genauen Wortlaut eingeben!).
Human: Keine Ahnung.
Eliza: Das ist aber dürftig! Ich weiß die Lösung!

Es (oder sie?) kann auch bisschen gemein sein. Menschlich?

Ausweichen kann ELIZA auch schon.
Könnte sie Politiker werden?

Human: Hallo ELIZA.
Eliza: Wie heißt du?
Human: Mein Name ist Alice.
Eliza: Okay, ich werde dich Alice nennen.
Human: Wer ist Alice?
Eliza: Das weiß ich nicht.
Human: Was weißt du?
Eliza: Ich weiß, dass ich nichts weiß!
Human: Weißt du nicht nichts?
Eliza: Hast du noch eine Frage? Frage dich: Was ist das wichtigste Ritual in meinem Leben?

Hier spricht die echte ELIZA in ihrer Muttersprache mit mir und tröstet mich.

Ich: I have some problems.
E: Not easy for you. Surely hard for you, but try to give me more details.
Ich: Yes, very hard.
E: Please proceed.
Ich: I need more money.
E: How important is money for you?
Ich: It is for my family.
E: What do you think of your family?
Ich: I love them all.
E: Does it cause you a warm feeling?
Ich: Oh, yes.
E: Go on.
Ich: I have a problem.
E: I'm sorry. Please tell me more about that problem.

Ja, das ist die Kraft, die Macht, die Magie der Sprache.

Übersetzt und schwer verletzt?

Was ist der Unterschied zwischen einem Araber und einer Schwalbe?
Die Schwalbe fliegt um zu wandern, der Araber wandert um zu stehlen.
Wo ist der Witz?
Quelle est la différence entre un arabe et une hirondelle ?
L'hirondelle vole pour migrer, l'arabe migre pour voler.

Übersetzen ist ein schwieriges Geschäft. So wird man sich nicht wundern, wenn eine automatische Übersetzung sowas hier liefert. Könnten Sie Deutsch machen aus der Übersetzung, wenn Sie das Original nicht verstehen? Was würden Sie tun, wenn Sie sowas übersetzen sollten?

> *To translate is to replace the formulation of one interpretation of a segment of the universe around us and within us by another formulation as equivalent as possible.*
> *Übersetzen heißt, die Formulierung einer Deutung eines Segments des Universums um uns und in uns durch eine möglichst gleichwertige Formulierung zu ersetzen.*

So ganz gelungen scheint das auf Anhieb nicht.
In meinem Negativlernprogramm will ich aber gleich mit dem begnadeten Übersetzer (vor allem alter Texte) Wolfgang Schadewaldt sagen:

Übersetzen gleicht dem Wechseln des Geldes:
Man tauscht fremde Währung in eigene aus.
Der Wert (so meint man) bleibt derselbe.

Doch Übersetzer sind wichtige Kulturmittler: So ist gerade die Fremdheit des Fremden das kostbarste dem Übersetzer anvertraute Gut.

Übersetzt werden tatsächlich Texte. Am Anfang steht ein Text einer Ausgangsprache und am Ende einer in der Zielsprache. Das könnte zur Annahme verleiten, es werde irgendwie wörtlich vorgegangen, nicht unbedingt Wort für Wort, aber immerhin doch nach der Bedeutung von Wörtern in der Ausgangsprache. Wenn aber ein Wort mehrere Bedeutungen hat, dann muss es nicht und kann auch nicht durch ein in gleicher Weise mehrdeutiges Wort übersetzt werden. Zum Beispiel unser *voler* = fliegen und *voler* = stehlen. Echte Wortäquivalenzen zwischen Sprachen gibt es nicht – wenngleich Wörterbücher einen das glauben machen könnten. Die Äquivalenz bezieht sich – kurz gesagt – auf den Sinn des Textes. Was in einer Sprache gesagt wird, soll in einer anderen Sprache gesagt oder gefasst werden. Neu gefasst wird der Sinn eines Textes.

Der Sinn eines Textes nun ist ein weites Feld:

1. Ein Text wird von verschiedenen Leuten verschieden gedeutet und verstanden. Und so gibt es das Äquivalent eben nicht.
2. Was zum Sinn gehört, ist durchaus strittig. In literarischen Übersetzungen kennt man die Probleme. Wie könnte man übersetzen: die Reime, die Assoziationen der Wörter?

Zum Spaß noch ein paar Vergoogelungen.
Eine Übersetzungslawine. Von einer Sprache in die nächste oder zwischen zweien hin und her.

Übersetzen . . .

Der Mond ist aufgegangen,
die goldnen Sternlein prangen
am Himmel hell und klar;
der Wald steht schwarz und schweiget,
und aus den Wiesen steiget
der weiße Nebel wunderbar.

The moon has risen,
the golden stars glisten
bright and clear in the sky;
the forest is black and silent,
and rising from the meadows
the white mist wonderful.

La lune s'est levée,
les étoiles d'or scintillent
clair et clair dans le ciel;
la forêt est noire et silencieuse,
et se levant des prés
la brume blanche merveilleuse.

La luna è sorta,
le stelle dorate brillano
chiaro e chiaro nel cielo;
la foresta è nera e silenziosa,
e alzarsi dai prati
la meravigliosa foschia bianca.

La lluna ha sorgit,
estrelles daurades brillen
clar i clar en el cel;
el bosc és negre i silenciós,
i aixecar – se dels prats
la meravellosa boira blanca.

Der Mond ist aufgetaucht,
goldene Sterne leuchten
klar und klar im Himmel;
der Wald ist schwarz und still,
und von den Wiesen aufstehen
der wundervolle weiße Nebel.

. . .zum Entsetzen?

Der Mond ist aufgegangen,
die goldnen Sternlein prangen
am Himmel hell und klar;
der Wald steht schwarz und schweiget,
und aus den Wiesen steiget
der weiße Nebel wunderbar.

The moon has risen,
the golden stars glisten
bright and clear in the sky;
the forest is black and silent,
and rising from the meadows
the white mist wonderful.

Der Mond ist aufgegangen,
die goldenen Sterne glitzern
hell und klar im Himmel;
der Wald ist schwarz und still,
und erhob sich von den Wiesen
der weiße Nebel wundervoll.

The moon has risen,
the golden stars glitter
bright and clear in the sky;
the forest is black and silent,
and rose from the meadows
the white mist wonderful.

Der Mond ist aufgegangen,
die goldenen Sterne glitzern
hell und klar im Himmel;
der Wald ist schwarz und still,
und erhob sich von den Wiesen
der weiße Nebel wundervoll.

The moon has risen,
the golden stars glitter
bright and clear in the sky;
the forest is black and silent,
and rose from the meadows
the white mist wonderful.

Jetzt bleibt die Maschine bei ihrer Version. Das ist nicht schlecht. Oder holt sie es einfach aus ihrem Cache? Oder gar aus meinem?

Machen wir es noch einmal mit einem eher heiligen Text, der unverunstaltbar sein sollte.

> Vater unser, der Du bist im Himmel. Geheiliget werde Dein Name. Dein Reich komme. Dein Wille geschehe, wie im Himmel, also auch auf Erden.
>
> Our Father, who is in heaven. Your name will be sanctified. Your kingdom come. Thy will be done, as in heaven, even on earth.
>
> Наш Отец, который на небесах. Ваше имя будет освящено. Пришло твое королевство. Твое хочет, как на небесах, даже на земле.
>
> Padre nostro che è nei cieli. Il tuo nome sarà consacrato. Il tuo regno è arrivato. Il tuo vuole, come in paradiso, anche sulla terra.
>
> Notre Père qui est dans les cieux. Ton nom sera consacré. Votre royaume est arrivé. Vos besoins, comme au paradis, même sur terre.
>
> Unser Vater, der im Himmel ist. Dein Name wird gewidmet sein. Dein Königreich ist angekommen. Deine Bedürfnisse, wie im Paradies, sogar auf Erden.

Das klingt doch sehr modern. Und vor allem tröstlich, dass das Reich nun angekommen ist!

Zugegeben, das Folgende mag etwas schwierig sein. Aber die Ratschläge sind nicht ganz schlecht.

Lass dir von der doch keinen Floh ins Ohr setzen.
Ne laissez pas une puce dans votre oreille.
Do not let a flea in your ear.

Hängt dir die ganze Angelegenheit langsam zum Halse raus, dann lass es.
Does the whole thing hang out slowly, then leave it.
Est-ce que tout se passe lentement, puis laissez-le.

Mancherlei Spezialsprache soll auch schon mal übersetzt werden. Deutsch ins Deutsche. Eine Art Erklärung?

Was guckst du Alter, machst du Stress oder was?
Warum schaust du so, mein Lieber, suchst du Streit?
Was schauen Sie so, mein Herr, wollen Sie Ärger machen.

Was guckst du Alter, bin ich Kino!
What are you looking at age, I'm cinema!

Ich hoffe, es ist deutlich: Hier geht es nicht gegen menschliche Übersetzer oder gar professionelle. Sie erfüllen eine wichtige Kulturleistung und dienen der Völkerverständigung. Auf jeden Fall tun sie ihr Möglichstes.
Bleibt die Frage, was überhaupt möglich ist. Auf jeden Fall:

Wir sollten nicht alles über einen Leisten schlagen.
We should not beat everything.
Nous ne devrions pas tout battre.
Non dovremmo battere tutto.

Ja, wirklich! Vor allem nicht alle.

Was blüht da eigentlich?

Attraktiv reden – das wollen wir doch alle. Oder? Aber es kann auch in die Hose gehen. Wenn man sich stilistisch übernimmt, gelingen einem schon mal Blüten. Blüten? Früher gab es (und die gibt es wohl noch) kleine Büchlein, in denen kurze Verslein berühmter Autoren versammelt waren. Sie dienten der Erbauung und darum waren sie mit schönen Blümchen verziert: Florilegien.

Ja, und da ist es mit den Stilblüten schon ein bisschen runtergekommen. Nicht mehr Erbauung, eher Ergötzung an der Blödheit anderer?

> An einem sonnigen Sonntag durfte ich wieder einmal mit meiner Tante in den Zoo gehen. Mir fiel auf, dass die Schlange an diesem Tag besonders träge und vollgefressen war.

Ein Dollpunkt für Stilblüten ist die Bezugnahme: Wovon wird geredet? Wer ist gemeint?

Da lauern Gefahren bei allen möglichen Pronomen.

> Der Wasserhahn war kaputt. Bald aber kam der Klempner. Er war undicht geworden und gab dauernd einen dünnen Wasserstrahl von sich.

> Es waren viele Menschen da. Mein Vater hatte außer seinem Rucksack nur einen Koffer bei sich. Endlich kam er an die Reihe. Der Zöllner öffnete ihn, fand aber nichts Besonderes in seinem Innern.

> Wenn unsere Mutter große Wäsche hat, helfen wir ihr. Wir legen sie in den Korb, tragen sie auf den Speicher und hängen sie auf.

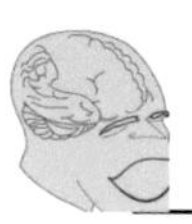

Aber es gibt auch andere Produktionsmethoden, hier etwa die Stellung:

In den meisten Städten darf niemand ohne Leine um den Hals mit Hunden ausgehen.

Grillparzer lernte als 14jähriges Mädchen Katharine Fröhlich kennen.

Monika schreibt von ihrem Besuch bei der Oma auf dem Land: Oma war krank, dann kam Tante Frieda, um unsere Gänse zu schlachten und zu rupfen. Zum Schluss kamen alle in die Gefriertruhe.

Viele beruhen auf mehrdeutigen Wörtern und Verschreibungen:

Alle Leute wollen sich von den Touristen dicke Scheiben abschneiden.

Am Rande der Großstädte gibt es oft Strebergärten.

Das Volksgericht setzte sich aus 600 Geschorenen zusammen.

Ein blindes Horn findet auch mal ein Korn.

Ein Rektor muss immer wieder den Monolog mit der Jugend suchen.

Großer Gott! Das Schiff singt!

Aber es gibt noch weitere Produktionsmethoden:

> Meine Tante hat so starke Gelenkschmerzen, dass sie die Arme kaum über den Kopf heben kann. Und mit den Beinen ist es genau so.

Keine Angst, ich verstehe sie (oder Sie?) schon richtig.
Ich lerne daraus. Und ein bisschen Spaß – warum nicht?
Stilblüten sind irgendwie gemein, aber lustig und lehrreich:

> Wenn man Geld nicht dauernd bräuchte, könnte man locker darauf verzichten.

> Ein Kind braucht Erziehung, damit es nicht machen darf, was es will.

> Ihr Gesicht wurde arschgrau.

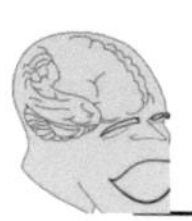

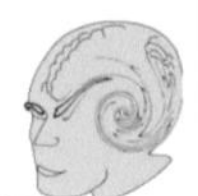

Stilblüten scheinen übrigens nicht in allen Kulturen verbreitet und Ausländer verstehen ihren Witz oft nicht. Was ist der Witz? Liegt es daran, dass man sich über jemanden lustig macht, der sprachlich so kläglich scheitert? Ein bisschen schon, und gerade das ist ein bisschen gemein. Wenn gar der Urheber nicht anonym bleibt, dann wird es noch heftiger. Lustig sind Stilblüten aber nicht nur durch das bisschen Schadenfreude.
Oft ist das Produkt selbst schon witzig:

> Leider bekomme ich keine Katze, weil mein Vater einen Vogel hat.

Und dann entsteht für den Leser ein Aha-Effekt, wenn ihm aufleuchtet, was der Urheber eigentlich schreiben wollte.
Die Schadenfreude ist eigentlich nicht in voller Schärfe gerechtfertigt, weil wir alle Stilblütenähnliches, lustige Versprecher etwa, produzieren. Da müssen wir uns keine Beispiele aus den Haaren saugen. Es gibt sie in Fülle und Hülle:

> Sie hören zum Schluss
> die h-Mess-Molle,
> Verzeihung,
> die h-Moss-Melle,
> die h-Moll-Messe von Johann Sebaldrian Bach.

Neue Weisheiten aus dem Lande Kalau

Therapeuten und Coachs haben stets mit Kommunikation und Sprache zu tun. In ihrer immensen Erfahrung entwickeln und bewahren sie ein feines Gespür für den tiefen Sinn in Worten und Wendungen. Sie bringen ihn ans Licht und machen ihn fruchtbar.
Darum machen sie sich natürlich ihre Gedanken bis hin zur Konstruktion von Volkstheorien für ihre Praxis. Es heißt zwar die Theorie bestätigt sich durch die Praxis. Aber Praxis ohne Theorie, damit kann man auch nicht glänzen. So eine Art Überbau oder Unterbau, bei dem es drüber und drunter geht.
Die Arbeit an der Sprache ist so wertvoll, weil sie verborgene, verbogene Wahrheiten ans Licht bringt.
Es soll nicht um pingelige Etymologie gehen, um Erbsenzählerei, sondern um den tieferen Sinn. Wir wollen zu den radikalen Wurzeln kommen.

Verstand steckt in der größten Selbstverständlichkeit.

Wer etwas ständig wiederholt, will etwas wieder holen.

Enttäuscht? Worin hast du dich getäuscht?

Strebsam: von der Qual zur Qualität.

Vorzüglich ist sich selber vorzuziehen.

Verlust ist verlorene Lust.

Der Ursprung ist der größte Sprung.

Haben Ihnen die schon zu denken gegeben?

Deine Hoffnung ist ein weißer Schwan. Schwant dir nun, warum sie fliegt?

Keine Gabe ist die frühe Aufgabe.

Mit „Wer hat angefangen?" kannst du allerhand anfangen. Besonders in der Partnerschaft. Wenn's den Partner schafft.

Am Anfang einer Sache, stets die Ursache.

Nachtragende haben viel zu tragen.

Mit lauter Stimme zur Verstimmung!

Wer sich empört, schwingt sich auf die Empore.

Wer sich selbst vertraut, traut sich was.

Wer Vertrauen schenkt, hat es selbst nicht mehr?

Wer sich auf andere verlässt, ist verlassen.

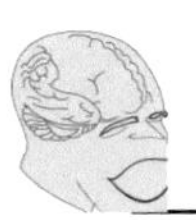

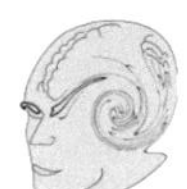

Suche den Ertrag nicht im Unerträglichen.

> Das wäre schwer zu ertragen!

Im Wesentlichen steckt dein Wesen.

Dein künftiges Los geht jetzt schon los.

> Du musst nur loslassen.

Was hilft dir all die Beute in deinem Beutel?

> Am Ende bist du gebeutelt.

Wer denkt bei der Hochzeit schon an die Tiefzeiten!

Als Waschlappen erleidest du mancherlei Schlappen.

Aus Zugehörigkeit folgt oft Hörigkeit.

Unsere Möglichkeiten sollten wir mögen.

Unangenehmes sollte dir unannehmbar sein!

In**form**ation hält dich in Form.

Die Farben der Gefühle: Liebe ist grausam.

Die Last des Lasters: Belästigung für dich und die anderen.

Vom Ergreifen zum Reifen.

In jedem Präsent bist du selbst präsent.

Wer außer Rand und Band, neigt zum Randalieren.

Am Tage klotzen, abends glotzen, morgens . . .

Wenn du voll gekommen bist, das ist Vollkommenheit.

Nicht jede, die sich brüstet, stillt auch.

Das Notwendige wendet die Not. Aber wohin?

Alles LebENDE hat ein . . .

Radikahl!

Erfahrene Therapathen und Coacher werden sagen: Es ist wirklich, weil es wirkt.
Ernst wird es, wenn Sie sowas ernst nehmen.
Sie infizieren sich mit Kalaueritis!

Was heißt hier windschief!

Das nette Bildchen ist ein sogenanntes Emblem. Solche Sinnbilder stellten im 17. Jahrhundert (und schon früher) Redensarten dar, die als weise erkannt wurden. Dieses Emblem hier soll zeigen, wie zwei unter einer Decke stecken. Es geht vor allem um die Hochzeitsnacht, die ihren kirchlichen Segen erhält.
Etwas befremdlich für uns: die Kopfbedeckung des Mannes. So bald schon Hörner?
Bleibt die Frage: Wenn zwei unter einer Decke stecken, was machen sie da? Sie machen insgeheim gemeinsame Sache, oft auch eine etwas zwielichtige Sache. Erst neulich belehrte uns ein Reporter, dass in Brüssel so Manches unter der Decke gehalten wird, damit es nicht hoch geht. (Ich unterdrücke ein Pfui!). Könnte man da nicht an die Decke gehen?
Redensarten gelten als gängig oder geläufig. Sie sind nicht rein wörtlich gemeint. Darum sind idiomatische Wendungen auch so wichtig im Fremdsprachenlernen. *English idioms* sind in Büchern festgehalten und idiomatisch sprechen und schreiben können gilt als Hauptlernziel des Sprachunterrichts. Hier klingt die Herkunft des Fremdworts an: Ein Idiom, aus dem Griechischen *idioma* (Eigentümlichkeit) wird allgemein als eine feste Wortverbindung aus mehreren Wörtern gesehen, deren Gesamtbedeutung sich nicht aus ihren Einzelbedeutungen und ihrer syntaktischen Struktur ableiten lässt. Sie gehören zu den Eigentümlichkeiten einer Sprache.

Typisch für Idiome ist Folgendes:

- Man weiß nicht ganz genau, wie sie eigentlich heißen, wie fest geprägt sie eigentlich sind.
- Man weiß oft nicht genau, wie sie zu verstehen sind und wie sie verwendet werden. Windschiefe Verwendungen sind an der Tagesordnung.
- Man weiß nicht, wie man sie eigentlich übersetzen könnte.

Idiome bilden einen festen Kern im Satz, sozusagen ein Skelett, um das herum sich variabel andere Wörter lagern können. Sie lassen hinsichtlich ihrer Form und Struktur verhältnismäßig wenig Abwandlung zu. Darum ist es auch schwierig bis irreführend, die Idiomstruktur in Zitierformen wiederzugeben. Heißt das Idiom etwa „ein dicker Hund sein"?

Im Skelett gibt es feste Positionen, die mit ganz bestimmten Wörtern gefüllt sein müssen. Doch manche Idiome lassen auch hier Variation zu. Die Grenze der Variation wird gezogen durch die Annahme, dass bei extremen Veränderungen das Idiom zerstört wird oder nur noch eine Anspielung vorliege, in der das Idiom zum Zuspiel wird.

Für freie Wortverbindungen nimmt man an, dass sich ihre Bedeutung aus den Bedeutungen der Wörter ergibt. Idiome aber werden gemeinhin im Ganzen gelernt. Aus dieser Annahme folgt, dass Idiome als Ganzheiten ins Lexikon gehören und wie Wörter zugänglich sind, nicht wie freie Fügungen in der Kommunikation produziert werden können.

Wie verstehen wir Idiome, wenn sie weitgehend unmotiviert sind? Üblich ist die Idee, man verstünde sie übertragen und eben nicht wörtlich. Was aber wird übertragen und wohin? Soll das Wörtliche übertragen werden auf das Eigentliche?

Drei konkurrierende Modelle versuchen, das Verstehen von Idiomen zu erklären:

1. Zuerst probiert man, die Gruppe im gegebenen Kontext wörtlich zu verstehen, und nur, wenn dieses Verstehen nicht möglich ist, wird eine übertragene Deutung gesucht. Das gelingt nur, wenn man das Idiom kennt.
2. Das zweite Modell geht davon aus, dass die übertragene Bedeutung des Idioms als erstes aktiviert wird und nur, wenn im Kontext der idiomatische Ausdruck keinen Sinn ergibt, wird die wörtliche Lesart erprobt. Auch hier muss der Rezipient das nötige Idiomwissen haben.
3. Das dritte Modell setzt ein zweigleisiges Verfahren an, nach dem die Rezipienten Idiome sowohl übertragen verstehen (also qua Idiome) als auch zugleich wörtlich. Danach wird entschieden, welche Deutung vorzuziehen ist.

Einige Forschungsergebnisse lassen vermuten, dass das Verstehen – entgegen der üblichen Meinung – meist nach dem zweiten Modell funktioniert. Aber das doppelte Verstehen nach Modell drei macht den eigentlichen Witz idiomatischer Redeweise aus. Darum verpasst der Ersatz durch Erklärungen auch den eigentlichen Punkt: Wenn das Idiom X einfach Y bedeuten würde, dann bräuchten wir X nicht. Wir könnten uns mit Y begnügen. Der eigentliche Punkt ist beides zu sehen und den Zusammenhang.
Entscheidend ist somit:
Welches missing link braucht man zum Verstehen eines idiomatischen Ausdrucks? Brutalos denken sich offenbar, dass die Faust besonders gut aufs Auge passt, und verstehen das Idiom auch so.

Für Verstehensbrücken sehen wir vor allem drei Möglichkeiten:

- Metaphorische Verbindung, die wir mit unserer allgemeinen Sprachfähigkeit oft erschließen können.
- Assoziative Verbindung, die in der Wortbedeutung hinterlegt ist. So ist „Bock" mit „Lust" verbunden, so dass „keinen Bock haben" verstehbar sein könnte.
- Historische Verbindung, die man oft nur vermuten kann oder wissen muss.

Klassisch und erhellend ist die historische Aufdeckung des Wörtlichen. Die klassische Erklärung ist für viele besonders attraktiv, weil sie mit Geschichten verbunden ist.

In der Linguistik wird die Sprache als Ausdruck begrifflicher Strukturen und mentaler Fähigkeiten betrachtet. Sie ermöglichen es, den doppelten Sinn der Idiome zu erfassen. Idiome versprachlichen eine bestimmte Sicht der Wirklichkeit und geben zwischen den Zeilen etwas Anderes zu verstehen. Nicht die wörtlichen Bedeutungen der Idiomteile rufen die mentalen Bilder hervor, sondern metaphorische Modelle.

Produktiv sind vor allem Körperteile, von ihnen leben sog. Somatismen. Das sind Idiome, deren Ankerwort einen Körperteil bezeichnet.

> Verknallt hat frau nämlich schnell den Kopf verloren und sich in eine ungute Situation manövriert.

- Kopf ist der Ort des Denkens, des Verstands.
- Kopf bedeutet Kontrolle.
- Kopf assoziiert Leben.
- Kopf ist oben.
- Kopf steht als Teil für den ganzen Menschen.

Das assoziative Verfahren nutzt, was normalerweise bei einem Wort uns in den Sinn kommt. Es umgibt das Wort wie ein Hof. Ausgangspunkt: die Ankerwörter des Idioms. Sie evozieren Wissensbereiche und stereotype Situationen. Beispiel: „das fünfte Rad am Wagen". Beim Verstehen dieses Idioms wird das Wagen-Umfeld aktiviert. Relevant ist hier „Zahl der Räder". Da Wagen im Normalfall vier Räder haben, ist die Zahl „fünf" ungewöhnlich, wird im Rahmen eines Wagens als auffällig oder störend gewertet. Das Umfeld von „Wagen" wird mit dem von „Mensch" assoziiert und der Schluss „überflüssig" übertragen.

Wo Metaphern oder Assoziationen nicht greifen, da ist und bleibt die Spielwiese der historischen Erklärung. Sie führt in jedem Fall oberflächliches Verständnis und idiomatisches Verständnis zusammen und zu einem kommunikativ und historisch tieferen Verstehen.

den Löwenanteil bekommen

Nach einer Fabel des griechischen Dichters Äsop: Löwe, Esel und Fuchs gehen gemeinsam auf Jagd. Am Ende wird geteilt. Der Esel beginnt und teilt gerecht. Da zerreißt ihn der Löwe und befiehlt dem Fuchs zu teilen. Der kluge Fuchs überlässt dem Löwen seinen Anteil. Gerecht ist es also nicht, wenn man den Löwenanteil bekommt.

einiges auf dem Kerbholz haben

Es heißt, Wirte hätten früher (natürlich in Bayern!) eine kleine Latte gehabt, darein qua Anschreiben ein Schmitz geschnitzt wurde für jedes Bier. Das konnte teuer werden.

Manche Idiome geben direkt Rätsel auf: Hier zieht's wie Hechtsuppe. Hätten Sie da eine Idee?

Es heißt, die Hechtsuppe sei volksverdeutscht aus jiddisch *hech supha*, was so viel wie Sturmwind heißt.

Idiome sind Teil riskanter Kommunikation. Sie machen was daher, sind deshalb beliebt bei Sportreportern. Aber man muss auch zwischen den Janusköpfen von Scylla und Charybdis hindurch.

Lavieren führt zu windschiefen Verwendungen:

> Der Mittelstürmer war ein alter Hase, so langsam und richtig schlaff.
>
> Die Party war echt super. Wir haben so richtig auf den Busch geklopft.

Auch der Mix aus mehreren Idiomen gehört hierher:

> Man kann nicht zwei Fliegen auf einmal dienen.
>
> Sie hat mir einen Streich durch die Rechnung gemacht..
>
> Da musste ich ihm langsam auf den Wecker treten.
>
> Es ist mir egal, welche Wurst dir über die Leber gelaufen ist.

Hier wird Öl ins ________ gegossen.

Und der hier
hat einen ________

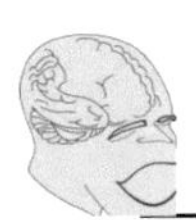

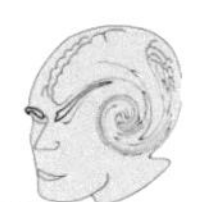

Der bringt sein Schäfchen

____

Und dem Kleinen hier
hat man einen Bären

____

Wollen Sie sich in einem Quiz versuchen? Es geht um Vermengungen von Idiomen. Was funkt hier nicht rein?

Das hängt mir nun wirklich zur Nase raus.

- ☐ ich habe die Nase voll
- ☐ ein lange Nase machen
- ☐ das hängt mir zum Hals raus

Und meine Freundin machte Augen wie ein Luchs.

- ☐ machte große Augen
- ☐ hatte Augen wie ein Luchs
- ☐ drückte ein Auge zu

Da liegt der Hase begraben.

- ☐ Da liegt der Hund begraben.
- ☐ kann sich begraben lassen
- ☐ Da liegt der Hase im Pfeffer.

Das gute Verstehen eines Idioms berücksichtigt Vordergrund und Hintergrund. In der Literatur wird öfter mit dem Schillern zwischen Vordergrund und Hintergrund gespielt. So sind Idiome auch Futter für hohe Sprachkunst. Sei es als Vorführung von Kompetenzmängeln in der Form von Stilblüten wie oben oder aber als Spiel mit Anspielungen. Dazu ein pfiffiges Beispiel von Thomas Mann:

> Erwägt man, dass an der Spitze des Sonnenhauses noch immer Teje, die Große Mutter, stand; dass Königin Nofertiti eine Schwester hatte: Nezemmut; dass auch dem Könige eine Schwester lebte, die süße Prinzessin Baketaton, und dass dazu im Lauf der Jahre die sechs Königstöchter sich aufreihten, so wird man eines wahren Weiberhofes ansichtig, in welchem Meni das anfällige Hähnchen im Korbe machte . . .

Kein richtiger Hahn?
Vielleicht noch besser, wenn statt Katz und Maus mal Katz und Kater gespielt würde.

Irgendwas stimmt da nicht.

Was hat's dann, was hasten heute gegessen? Hm? – Ha, ha, hähä.
Heute Mittag? – Das weiß ich nicht mehr.
Weißte nicht mehr? – Mhm.
No, des musste aber wissen! – Ich weiß es aber ni mehr.
So, so – Hh.
Hat's Kartoffeln gegeben? – Mhm.
Salat? – Ja!
Fleisch? – Nee!
Eier? – Inee.
Was dann? – Was anderes.
Brot zum Mittagessen? – Mhm.
No, erzählt mir's doch mal! – Das weiß ich nich mehr!
Nudeln, hat's Nudeln gegeben? – Mhm.
Oder lügste mich an? – Ich lüg dich an!

Aus der Palette, die Augustinus einst entwarf, dürfte es hier um Lügen aus Lust am Lügen gehen. Zum Lernen, der spielerische Umgang mit dem Lügen und dem Wort *lügen*. Spielerisch und irgendwie schon fortgeschritten ist aber auch der paradoxe Umgang. Lügen und zugleich sagen, dass man lügt, erinnert an das Paradox: Alle Kreter lügen, sagt ein Kreter.

Hier aber erst Augustinus und seine Typen.

- Lügen, die anderen schaden und niemandem helfen.
- Lügen, die anderen schaden und jemandem helfen.
- Lügen aus Lust am Lügen.
- Lügen, um anderen zu schmeicheln.
- Lügen, die niemandem schaden und das Leben eines anderen retten.
- Lügen, die niemandem schaden und die „Reinheit" eines Menschen bewahren.
- Lügen, die niemandem schaden und jemandem helfen.

Verwerflicher – find ich – ist das Heucheln = lügen unter dem Deckmantel der Moral.
Nun aber wir und was wir alles unterscheiden. Typisch, dass wohl alle eher Abschwächungen sind. Das haben wir nötig.

verkohlen
cheaten täuschen
flunkern lügen
weismachen betrügen
schwindeln tricksen
rausreden heucheln erdichten
prahlen leugnen beschönigen
verheimlichen mogeln veräppeln
vertuschen
schummeln

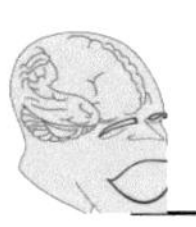

Schlimmer als Lüge und Heuchelei noch ist Bullshit. Wie immer es heißt, wir meinen, wir erkennen ihn und kennen ihn vielleicht vom Stammtisch. Der Bullshitter hat mit Wahrheit und Unwahrheit nichts am Hut. Er übernimmt keinerlei Verantwortung für das, was er sagt. Er ist frei, sagt, was immer er will. Er ist schlicht amoralisch. Dazu ein paar Piepser.

Bullshit is not simply lying.	Bullshit ist nicht einfach Lüge.
Bullshit is not simply false but it is phony.	Bullshit ist nicht einfach falsch, sondern link.
Bullshit is really excrement.	Bullshit = echte Scheiße.
Feedback counts. Facts won't.	Feedback zählt. Fakten nichts.
Producing bullshit requires no conviction.	Die Produktion von Bullshit braucht keine Überzeugung.
The bullshitter hides that truth-values of his statements are of no central interest to him.	Der Bullshitter verbirgt, dass der Wahrheitswert seiner Aussagen für ihn nicht von Interesse ist.
The bullshitter ignores the game of truth and the game of lie as well.	Der Bullshitter ignoriert das Spiel der Wahrheit wie das Spiel der Lüge.
The Twitter game = the humbug game!	Das Twitter-Spiel = das Humbug-Spiel!
Twitter games: No facts! No responsibilty! No truth!	Twitter-Spiele: Keine Fakten! Keine Verantwortung! Keine Wahrheit!
Twitter: The bullshit arena!	Twitter: Die Bullshit-Arena!
DT the bullshit artist!	DT der Bullshit-Künstler!

Der wahre Bullshitter
meint es ernst.
Er ist so.

Vorsicht! Auch die Koprophagie ist ansteckend.

„Mit dem alt deutschen Wort *lügen* wird ganz schön gelogen, geflunkert, Aufmerksamkeit generiert, irregeführt und so weiter", lese ich irgendwo zur Weihnachtszeit. Ja, und dann wird das Lügenkonstrukt vorgeführt:

> Kinder fiebern in diesen Tagen wieder Heiligabend entgegen. Sie schreiben Wunschzettel, zählen die Tage bis zur Bescherung. Je nach Region glauben sie, dass der Weihnachtsmann oder das Christkind Geschenke bringt und unbemerkt wieder verschwindet. Diesen Glauben vermitteln wohl die meisten Eltern ohne langes Grübeln.

Und das – meinen kluge Psychotheologen – könne das Vertrauen zwischen Eltern und Kindern in Mitleidenschaft ziehen. Denn Kinder finden alle irgendwann heraus, dass ihre Eltern unverfroren über Jahre hinweg eine Lüge aufgetischt haben. Wenn die Geschichte mit dem Weihnachtsmann gelogen war, wo haben Mama und Papa dann noch die Unwahrheit gesagt? Feen, Zauberei, selbst Gott geraten ins Wanken.

Und wie wäre es mit der authentischen Weihnachtsgeschichte? „Ich erzähle Kindern, dass wir an Weihnachten den Geburtstag von Jesus feiern. Und weil Jesus ein so großes Geschenk von Gott an uns Menschen war, haben Mama und Papa heute auch Geschenke für Dich." Und wenn schon nicht brutal gelogen, doch klasse erfunden?

Wir wissen nicht, wie alt unser Mäuschen oben war, aber, wie sie das mit der Lüge genau gemeint hat, wissen wir auch nicht. Denn – sagen andere kluge Psychologen – Kinder können bis zum vierten Lebensjahr noch nicht unterscheiden zwischen Realität und Fiktion. Na ja, wenn man es so formuliert. Übrigens können das auch Erwachsene nicht. Alle lügen, sagt der AfDler.

Vielleicht sollten wir uns da fragen, ob man wirklich von einer Lüge reden kann oder sollte. Es gibt nicht nur das Spiel mit der Lüge, sondern auch das Spiel mit dem Wort *Lüge*. Jemanden der Lüge zeihen ist ein harter Vorwurf und da bräuchte man schon harte Argumente.

Wir könnten uns auch fragen, wie denn unsere Kinder mit Lügen umgehen lernen, wenn sie in einer erträumten lügenfreien Welt aufwachsen.

Ich könnte im Lügenlernen durchaus einen moralischen Wert sehen. Nicht umsonst heißt es: Ein Lügner glaubt keinem.

Im Übrigen, in einem ulkigen Definitionsversuch kann man lesen, es sei keine Lüge, wenn man lügt und zugleich sagt, dass man lügt. Da grüßt der Kreter wieder. Ich aber sage:

Alles in diesem Buch ist sowieso gelogen.

Im Kurzgespräch mit Nietzsche

Der Intellekt als Mittel zur Erhaltung des Individuums entfaltet seine Hauptkräfte in der Verstellung; denn diese ist das Mittel, durch das die schwächeren, weniger robusten Individuen sich erhalten.

Wieso?

Weil ihnen der Kampf um die Existenz mit Hörnern oder scharfem Raubtier-Gebiss zu führen versagt ist.

Im Menschen kommt diese Verstellungskunst auf ihren Gipfel: Hier ist die Täuschung, das Schmeicheln, Lügen und Trügen, das Hinter-dem-Rücken-Reden, das Repräsentieren, das im erborgten Glanze leben . . .

Soll das schon alles sein?

. . . das Maskiertsein, die verhüllende Konvention, das Bühnenspiel vor anderen und vor sich selbst, kurz das fortwährende Herumflattern um die eine Flamme Eitelkeit so sehr die Regel und das Gesetz, dass fast nichts unbegreiflicher ist, als wie unter den Menschen ein ehrlicher und reiner Trieb zur Wahrheit aufkommen konnte.

Ja und?

Sie sind tief eingetaucht in Illusionen und Traumbilder.

Ja, da haben wir ein weites Feld vor uns, Herr Nietzsche.

Haben Sie noch die Grundmaximen der Kommunikation im Ohr? Vielleicht bedenken Sie mal diese hier, mit denen die Medien eben jene Traumbilder und Illusionen schaffen.

- Gib deine Informationen scheibchenweise; sag nur, was du gerade brauchst oder wozu du dich genötigt fühlst!
- Such dir gut aus, was du an Informationen gibst! Wähle deine Informationen von den Folgen her aus! Was sozialhygienisch negative Folgen hat, behalte für dich!
- Sag wenig, aber wiederhol es immer wieder!
- Nur die blanke Behauptung! Geh nicht auf Gegenargumente ein, nicht auf berechtigte und schon gar nicht auf mögliche!
- Beachte nicht, was deine Adressaten wissen wollen! Aber geh davon aus, dass du es weißt!
- Tu so als gäbe es keine Nachfragen!
- Gib nackte Information, egal ob deine Adressaten sie verstehen oder nicht!
- Sei übergenau!
- Sei nicht zu genau!
- Verharmlose!
- Mache eine beruhigende, starke Behauptung, und nimm sie stückweise zurück!
- Widersprich dir ruhig!
- Strebe nach kommunikativer Macht! Achte darauf, dass der Adressat nicht anderen Informationsquellen ausgesetzt ist!

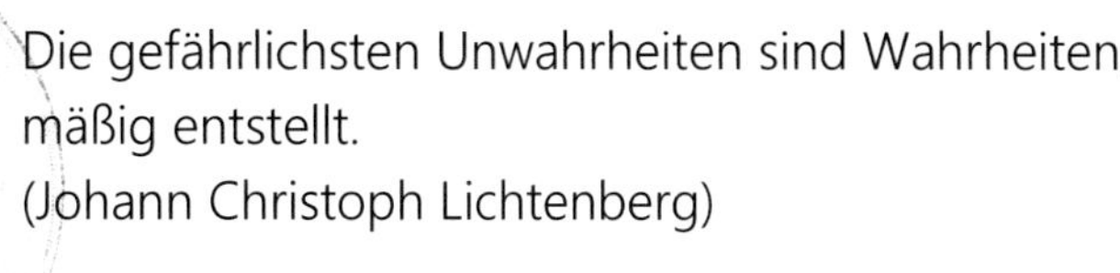

Die gefährlichsten Unwahrheiten sind Wahrheiten, mäßig entstellt.
(Johann Christoph Lichtenberg)

Dichtung als Wahrheit

Maxim Billers ehemalige Freundin und deren Mutter haben seinerzeit gegen Billers Roman „Esra“ geklagt, weil sie sich in den Romanfiguren wiedererkannt hatten und ihre Persönlichkeitsrechte verletzt sahen.

Billers Buch schildert die schwierige Beziehung zwischen Adam und Esra. Die männliche Hauptfigur ist Schriftsteller wie Biller selbst (heißt aber sinnigerweise Adam), dessen Freundin Schauspielerin und Bundesfilmpreisträgerin Esra eben wie Billers Ex-Lebensgefährtin.

Das Bundesverfassungsgericht hat im Jahr 2007 das Erscheinen des Romans endgültig untersagt: Das Buch verletze das Persönlichkeitsrecht von Billers Ex-Freundin, weil sie eindeutig als „Esra“ erkennbar sei und der Roman intimste Details der Liebesbeziehung zwischen Esra und dem Ich-Erzähler Adam schildere.

Bemerkenswert der letzte Satz! Wie das wohl funktionieren könnte?

Das Urteil gilt als Lehrbeispiel für Juristen zur freien Meinungsäußerung. Da ist es vielleicht von vornherein falsch plaziert, weil literarische Texte eben keine Meinungsäußerungen sind.

Wenn die Richter – wie sie so oft argumentieren – meinen, ein normaler Leser würde alles im Text für bare Münze nehmen (wenngleich sie selbst das nur unterstellen), dann wurde der Autor einfach falsch verstanden. Wer da die Schuld hat, ist kaum zu entscheiden. Nur, wenn es dem Autor nicht gelingt, richtig verstanden zu werden (und welchem gelingt das schon bei allen), sollte er dann schweigen – oder wie Biller zum Schweigen gebracht werden?

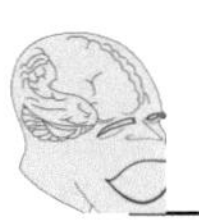

Richter unterscheiden, ganz pikant:

- Zutreffende Aussagen zur Identifizierung der realen Person
- Zutreffende Aussagen über ihr Liebesleben
- Unzutreffende Aussagen, die diese Person diskriminieren

Wahrlich eine brillante Logik! Besonders interessant natürlich die intimsten Details, über die die Richter ihr Urteil fällen. War das alles real! Oder leider nur Sexphantasien? Selbst im Roman! Man könnte auch fragen, wie viel von jeder Sorte es gibt und wie die Anteile sein müssen, damit eine Persönlichkeitsverletzung vorliegt.
Unser Thema klingt natürlich an Goethes „Dichtung und Wahrheit" an, wie er klug die so genannte Autobiographie genannt hat. Da ergänzen manche denn mit Stückchen von außen und schaffen ein gepuzzeltes Traumbild des wahren Lebens.
Ein Traumbild auch die Vita Thomas Bernhards, die vor mir liegt. Da beschreibt mir einer Bernhards Leben, wie es wirklich wahr. Er schöpft aus den Schriften. Erst bescheinigt er der sonstwo „literarischen Verarbeitung" seiner Jugend autodidaktischen Charakter. Dann wählt er aus und schafft einen damit Lebenszitatenflickenteppich. Einfach aus der ersten in die dritte Person: „Ich liege hier im Lungensanatorium mit Blick auf die Berge." Daraus: „Er lag im Lungensanatorium mit Blick auf die Berge." Vielleicht angereichert „mit Blick auf die Tauern."
Einer hatte auch schon mal Zweifel: „Was diese Krankengeschichte an Ungeheuerlichkeiten bereithält, wirkt wie erfunden." Paar Seiten weiter kommt in unserer Vita Bernhard selbst zu Wort: „Ich hab der Zeitung immer zu einem gewissen Erfolg verholfen durch Falschmeldungen und Übertreibungen, die ich ja beibehalten habe."

Wir werfen noch einen Blick in den Spiegel der Spiegelwahrheiten und genießen die Kostprobe:

> B. hatte in der Nacht mit ihm telefoniert und ihn gefragt, ob er zur Verfügung stünde. Scholz hat nach einigem Zögern „Ja" gesagt. „Du kannst es ja mal probieren".

Ein authentischer Report.
Tag und Nacht vor Ort
der Kolportör
und Erfindör.

Die wahre Welt vom Hörensagen?
Immer solltest du dich fragen:
Woher ich das weiß?
– – –
Macht mich nicht heiß!

Bloß nicht lesen,
als sei es so gewesen!

Wenn Sie mich fragen, ich lese Wahrheit als Dichtung.

Erkennt man den Menschen an seinem Sprachstil?

Sherlock Holmes als Kriminalist weiß: „An den Fingernägeln, dem Rockärmel, den Manschetten, den Stiefeln, den Hosenknien, der Hornhaut an Daumen und Zeigefinger, dem Gesichtsausdruck und vielem andern, lässt sich die tägliche Beschäftigung eines Menschen deutlich erkennen."

Aber können wir auch durch genaues Hinsehen, Hinhören und Hinlesen erkennen, mit was für einem Menschen wir es zu tun haben? Ja, das können wir und wir tun es locker und andauernd. Aber vielleicht ginge es auch etwas reflektierter und nicht mehr ganz so intuitiv.
Der Stil wird als Ausdruck einer Person gesehen.
Die Idee ist alt, es gebe einen Individualstil, der jedem Individuum zukomme. Berühmt ist das Diktum „Le style c'est l'homme même" von Buffon, das er in seiner Antrittsrede vor der Académie Française prägte. Dabei ging es vor allem um reflektiertes Schreiben. In gleicher Tradition steht Schopenhauer, der den Stil als die Physiognomie des Geistes bezeichnete. Kühne haben sogar von einem sprachlichen Fingerabdruck geträumt oder träumen lassen.
Der Individualstil eines Autors, sozusagen seine ID, ist in einem Sinn trivial: Man nehme alles, was die Person geschrieben hat, verfertige eine Wortliste daraus und berechne die Frequenz der Wörter. Aber was würde diese identifizierende Kennung besagen? Mit dem nächsten Text der Person würde sie sich schon ändern. Und dieser Text würde natürlich nicht dem Profil entsprechen. Ein Autor ändert den Stil textspezifisch nach Thema und Adressat.

Stil aber ist etwas Wiederkehrendes, wiederholte Strukturen, die wir erkennen und benennen. Der einzelne Text kann solche Strukturen zeigen, aber ohne Kenntnis des Ganzen können wir sie nicht erkennen.
Beliebtes Spiel: Dem Autor auf der Spur. In einer einfachen Weise wird so etwas versucht bei der Autorbestimmung. Nicht nur in der Philologie, auch in der Kriminalistik. Da genügen dann nicht Muster wie Soziologendeutsch oder Sportsprache oder komplex oder einfach oder elaboriert.
Verwendet wird eine Art Checkliste.

- Normfehler: Abweichungen von der Standardsprache
- Wortstellung: Ungewöhnliche, holprige Wortstellung?
- Grammatikfehler
- Schreibfehler
- Wortschatz: Fremdwörter, Fachwörter
- Kohärenz: Ist der Text kohärent?

Wenn man etwas erkannt hat, folgt die Diagnose. Was schließen wir aus dem Befund?
Der linguistische Profiler hat es nicht gerade leicht. Das karge Profil würde wohl auf Hunderttausende zutreffen, die Stecknadel im Heuhaufen. Um die Identität des Autors zu ermitteln braucht er zu seinem Profil mindestes Vergleichstexte mit identifiziertem Autor. Aber warum sollten die die gleichen Eigenschaften aufweisen?
Überdies wäre dieses Profil in einem anderen Sinn eher trivial: Es sagt uns nichts über die Person. Frage also: Ist es möglich aus dem Stil eines Autors auf die Person zu schließen, auf Eigenschaften der Person?

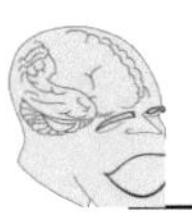

Ein ausführliches Beispiel könnte man im Zusammenhang mit Guttenbergs plagiierter Doktorarbeit sehen, mit der so viele sich befasst haben. Man müsste zuerst einmal alle Plagiatstellen identifizieren und rausschmeißen. Der Rest wäre dann Guttenberg pur – falls es so etwas gäbe. Darin hat man eruiert:

1. Überproportional viele Metaphern: *am Scheideweg* und auffallende Bildsprache. Die Metaphern gründen in den Bereichen Handwerk, Technik und Transport.
2. Öfter missglückt die bildliche Sprache: *So pionierhaft sich diesbezüglich der amerikanische Pfad zu gestalten wusste, so eklektisch eigen wurde der europäische beschritten. Letzterer befindet sich wiederkehrend am Scheideweg.* Der Pfad am Scheideweg?
3. Sehr häufig sind ungewöhnliche Kombinationen von Wörtern bis hin zum Oxymoron, manche höchst originell, manche eher unfreiwillig komisch: *eklektisch eigen, unbeugsame Gelassenheit, brachiale Ablehnung, unerreichtes (nicht lediglich) wissenschaftliches Kraftfeld*.
4. Lange kühne Bildungen: *Spannungsfeldbewusstsein, Komplementärverfassungscharakter, Verfassungsergänzungsinitiativen.*
5. Häufig seien Kurzsätze mit Doppelpunkt: *Freilich:, Zudem:, Szenenwechsel:*
6. Humanistische Bildung wird ausgestellt: *Paradoxon, idealiter*, auch altgriechisch im Original: καιρός (Kairos), πάντα ρει (panta rei). Dabei finden sich allerdings Unsicherheiten und Fehler.
7. Häufig verwendete Wörter. Dabei vielleicht besonders die kleinen: *freilich, zudem, gleichwohl* und *tatsächlich*. Manche sprechen hier von Flickwörtern. Die kleinen Wörter sagen aber mehr.

Nehmen wir mal an, das stimmt und die Diagnose des Typischen wäre valide vor dem Hintergrund des Allgemeinen. Dann könnten wir uns trauen, dazu etwas zu sagen.
1., 3., 4. und 6. deuten auf eine Person, die ihre Bildung ausstellt. 2. und 6. vielleicht, dass sie sich dabei etwas übernimmt, dass sie – wie wir alle – etwas mehr scheinen will, als sie ist. In 5. könnten wir vielleicht den Macher erkennen, der es gern kurz und knackig hat. Für 7. bräuchten wir die textuelle Einzelanalyse. Aber nichtssagend sind solche Ausdrücke nicht. Mit *freilich* heischen wir oft Zustimmung. Wir stellen, was wir sagen als selbstverständlich hin, als allgemein bekannt. Ja, und mit *tatsächlich* beansprucht der Autor zu wissen, wie es tatsächlich ist.
Ich lasse es bei diesem spekulativen Luftgebäude. Drehen wir das Ganze mal ins Praktische und etwas Allgemeine.
Sprecher werden stilisiert. Von Stilisieren sprechen wir, wenn eine Darstellung vereinfacht wird, zum Beispiel nur noch skizzenhaft oder mit wenigen Strichen, als geometrische Figuren. Stilisieren läuft nach dem Weglass-und-Betonungsschema. Man stilisiert sich selbst, indem man bestimmte Möglichkeiten hervorhebt und andere weglässt. Man wird stilisiert, indem bestimmte Möglichkeiten hervorgehoben und andere weggelassen werden.
Stilisierung muss nicht bewusst sein. Dennoch wird sie Teil der Person. Natürlich darf jeder sich selbst stilisieren: Sei es als Held oder weibliches Opfer oder . . . So sehen wir, wer er ist. Problematischer ist die mediale Fremdstilisierung. Auch Journalisten müssten sich fragen, wie weit sie zur Stilisierung und Stereotypisierung beitragen und beitragen dürfen.
Ganz anders der Schnüffler. Er will nicht auf die Stilisierung reinfallen. Er möchte erkennen, wer jemand wirklich ist. Sollte das so trennbar sein?

Worum geht es eigentlich?

Szenen einer Ehe

Ja, Schatz, wir sollten zum Bus, damit wir den Flieger kriegen.
Ich bin fertig.
Gut, dann gehen wir.
Ok.
Hallo, warum kommst du nicht?
Du sitzt doch noch am PC.
Bloß, weil du dich noch schminkst.
Wann kommt denn der Bus?
In fünf Minuten.
Und da sitzt du noch am PC!
Du bist doch gar nicht fertig.
An mir liegt es nicht. Also los.
Möchtest du, dass deine Frau ungeschminkt in den Flieger steigt?
Nein, nein.
Dann hetz mich nicht.
Ich hetze? Ich hetze!
Warum bist du denn so gereizt? Das geht den ganzen Tag schon so.

Das ist natürlich eine Parodie. Parodien übertreiben zwar, aber sie motivieren – zum Weiterdenken. Es geht um zwei wichtige Themen:

Sich koordinieren in der Partnerschaft

Wer ist schuld und wer hat angefangen?

Ja, und zum ersten Thema: Sich koordinieren? Ich habe meinen guten Freund gefragt. Der ist Psychotherapeut. „Was könnte man da tun? Was könnten die beiden tun?" „Gar nichts! Auf jeden Fall von außen." Ronald ist ein aufgeklärter Therapeut!

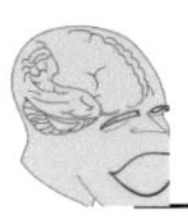
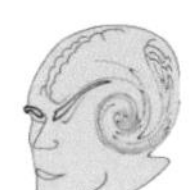

Wer war schuld? Wer immer etwas tut und wer immer was damit zu tun hat, der kann schuld sein. Wichtig für uns – dass wir es nicht selber waren. Wir brauchen die Übertragung: Du warst schuld!

Wenn wir wissen – natürlich zu wissen glauben – wer schuld ist, wer angefangen hat, was glaubwissen wir dann? Ja klar, wir haben ein höheres Prinzip dafür: Der muss Buße tun, muss wiedergutmachen, muss sich bessern. Das ist sehr angenehm für den Unschuldigen.

Bleibt nur noch die Frage, ob der Schuldige das auch so sieht. Also weiter dann! Da waren wir doch schon mal?

Wir reden von Schuldspirale (eher ein Loch, in das wir fallen?) und wir wissen um die Gefahr, machen es trotzdem voller Hoffnung, dass wir es nicht waren.

Darum am besten:

Du bist fein raus,
Hast du den Sündenbock im Haus.

Red dich nicht raus!

Ausreden kennen wir alle. Wir lernen es schon als kleine Kinder. Erstaunlich?

Mama und Petra im Auto an der roten Ampel.
M: Du Petra, gib mir doch bitte eins von den Schokobonbons.
P: Nein.
M: Warum denn nicht?
P: Ich will nicht.
M: Ich ess die doch so gern.
P. versteckt die Tüte unterm Sitz.
P: Ich hab keine mehr.
M: Hast du die Tüte weggesteckt?
P: Ich hab doch keine mehr.

Ausreden anderer erkennen ist schon eine andere Sache. Petra muss natürlich noch üben.
Für den Ausredner scheint es zweierlei Möglichkeiten zu geben:

Was man sagt, ist einfach falsch. Und man weiß es.

Was man sagt, war nicht der Grund, warum man es getan hat. Und man weiß es.

Hier einige übliche. Denken Sie sich Situationen dazu.

Ich muss schnell aufs Klo!
Ich muss dringend was für die Arbeit vorbereiten.
Der Akku vom Handy war leer.
Mein Nachbar hatte einen Unfall.
Ich von der Leiter gestürzt!
Ich hab die Straßenbahn verpasst.
Da feiert meine Oma leider Geburtstag.

Auch hierzu können Sie sich passende Situationen ausdenken.

Ich bin zu müde von der Arbeit.

Ich habe eine fürchterliche Erkältung und möchte dich nicht anstecken.

Meine Verwandten sind zu Besuch.

Mein Mann ist krank.

Habe nichts zum Anziehen.

Tut mir leid, ich hab noch die Reise vorzubereiten.

Das „Und man weiß es" im Fall 2 ist nicht ganz unwichtig. Aber auch unsicher. Denn mittlerweile wissen wir, dass wir uns unserer Motive nicht zu sicher sein sollten. Es gibt nicht nur nachträgliche Rationalisierung, sondern auch die Blitzmotivation: Der Grund oder das Motiv kommt erst nach dem Akt. Wir machen es sozusagen unbewusst als nachträgliche Motivation.

Dann gibt es noch einen anderen Aspekt der Ausrede. Im Grunde ist eine Ausrede eine Art Rechtfertigung:

Nach hinten für das, was man getan hat.

Nach vorn für das, was man tun wird oder will.

Die gute Ausrede ist die, die zieht. Sie sollte zu erkennen sein!

Das kommunikativ Interessante an der Ausrede ist nämlich, dass wir als Partner oft erkennen, dass es sich hier um eine Ausrede handelt. Wir müssen nicht glauben, was im faktiven Anteil der Ausrede steckt und akzeptieren die Ausrede dennoch. Das ist wirklich sozial und vielleicht gespiegelt, weil wir wissen, dass wir auch schon mal Ausreden und Schonung brauchen.

Darum ziehen überzogene Ausreden nicht so gut. Sie sind eher eine Provokation.

Eine andere Sache sind Strategien und Formeln fürs Ausweichen.

Der kleine Martin.

P: Du hast doch deinen Teller immer noch nicht leer.
Eine richtige Sauerei!

M: Dat daaf mer doch net saache.

Auch dazu noch etwas Stoff zum Ausdenken passender Situationen.

Wie oft haben Sie überhaupt gespielt, dass Sie da mitreden könnten?
Das wäre eine längere Geschichte.
Da müssten Sie jemand anders fragen.
Wie redest du eigentlich mit mir?
Warum so laut?
Werden Sie bitte nicht ungeduldig.
Warum schaust du so?
Das kann jeder sagen.
Was geht das dich eigentlich an?
Könnten Sie das bitte wiederholen.
Darüber wissen wir nichts Sicheres.
Dazu können wir ja später noch kommen.
Dazu fällt mir ein Witz ein.
Das gehört nicht zur Sache.
Durch die großen Ausfälle mussten wir tätig werden.
Wir sollten aber auch bedenken . . .
Ich muss leider bald weg.
Das Ganze ist so einfach nicht.

Ich hoffe, das glauben Sie mir.

Warum sind wir höflich?

Verbreitet ist die Ansicht oder auch die Forderung, wir sollten höflich zu unseren Mitmenschen sein. Warum? Weil es eben Mitmenschen sind und weil wir sie als Menschen wertschätzen sollen. Wenn Sie deshalb höflich sind, ist das ok. Aber es ist ein bisschen blauäugig und die Frage ist, wie weit es im Konfliktfall wirklich trägt. Unsere Mitmenschen können auch unsere Gegner werden.

Aber schon Goethe: Im Deutschen lügt man, wenn man höflich ist. Als Warnung? Nein, so hat er das nicht gemeint. Es ging eher gegen den Umgang der Deutschen als gegen Höflichkeit.

Ohne Zweifel ist das Zusammenleben angenehmer, wenn es höflich hergeht. Darum schon ein anderer Kluger, Schopenhauer: Höflichkeit ist Klugheit, folglich ist Unhöflichkeit Dummheit. Aber auch schon: Wir sollten uns gegenwärtig erhalten, dass die gewöhnliche Höflichkeit nur eine grinsende Maske ist.

Wir sehen das Problematische und das Fischige der Höflichkeit. Schon was im Einzelnen als höflich gilt, ist ein Problem. So mag es in anderen Kulturen ganz anders gehen, höflich zu sein. Ja, schon innerhalb unserer Kultur muss die Höflichkeit verstanden werden. Echte Höflichkeit ist zweiseitig. Dabei geht es nicht um Etikette, die irgendjemand festlegt und an die man sich halten muss, auch wenn man den Sinn gar nicht erkennt.

Vielleicht doch noch etwas Etikette? Hier nur Anredefloskeln zur Veranschaulichung, ein Renner seit Jahrhunderten. Einst wurde ich in Hannover im feinen Herrengeschäft mit Königliche Hoheit angeredet. Leider stand noch einer hinter mir.

Aber dass ich den Papst mit Heiliger Vater anreden soll, das ist doch echte Lebenspraxis.

Feuchte Hände sollten Sie vor dem Handschlag kurz an der Hose trockenreiben.

Bei Adelstiteln in der Anrede auf keinen Fall *Herr* oder *Frau von* statt *Gräfin von* oder *Graf von*.

Anzugfarben grau oder blau. Frauen variieren! Aber: Keine erotische Kleidung im Büro!

Sie können öfter zum Buffet gehen. Aber bitte nicht den Teller vollladen – und erst recht nicht mischen.
Ein gefundenes Fressen für mich.

Linkshänder dürfen das Gedeck umlegen.
Saunett für mich Linkshänder!

Angestoßen wird mit Wein und Sekt. *Und mit Champagner?* Autofahrer dürfen auch mit Wasser anstoßen.
Aber nicht aufstoßen bitte!

Jeder wäre für so einen Hinweis dankbar, wenn es um einen offenen Reisverschluss geht.
Ja, und auch für korrekte Rechtschreibung!
Sorry, aber nicht wenn's so witzig wird.

Echte Höflichkeit ist also kommunikativ. Es geht vordergründig darum, das face, das Gesicht oder auch das Selbstbild des Partners zu wahren. Das Selbstbild wird in jeder Gesprächssituation entweder bestätigt oder bedroht.

Nach neueren Theorien werden vor allem zwei Arten der Höflichkeit unterschieden. Bei der negativen Höflichkeit geht es darum, dem Partner seine Handlungsmöglichkeiten nicht zu beschneiden. Es ist eine defensive Art der Höflichkeit, dem Partner nicht zu nahe zu treten. Darum werden etwa Aufforderungen abgemildert, oft eher indirekt ausgesprochen. Ein Beispiel hierfür wäre:

Entschuldigen Sie, könnten Sie bitte das Fenster öffnen?

Bei der positiven Höflichkeit geht es eher um Bauchpinseln. Vor allem darum Gemeinsamkeit und Nähe zu betonen.

Welches Interesse hat man aber selbst daran, das Image des Gesprächspartners zu pflegen und zu bestätigen? Ist es reiner Altruismus? Eine gängige Idee: Der Höfliche verfolgt kein Eigeninteresse. Er gibt ohne haben zu wollen. Wer die Idee ernst nähme, der würde die Höflichkeitsvorkommen drastisch begrenzen. Ein kleiner Business-Knigge lässt die Katze alsbald unreflektiert aus dem Sack. Zuerst das Soziale:

Mit Höflichkeit und Respekt meistern Sie heikle Situationen.
Zeigen Sie, dass Sie Ihren Partner achten.

Dann aber: „Wer Benimmregeln beherrscht, profitiert im Geschäftsleben. Und: Wie Sie durch richtiges Verhalten punkten."

Weniger vordergründig geht es auch darum, beim Partner etwas zu erreichen. Do ut des. Ich gebe, damit auch du gibst. Und das finde ich sowieso ok. Denn wozu hätten wir denn diese Mittel?

Gemeinhin wird Höflichkeit als einer besonderen Anstrengung bedürftig gesehen. Sprachlich geht es darum, ein bisschen mehr zu tun als der Normalfall verlangen würde: Ein Wörtchen mehr, etwas stilistisch Gehobenes, eine schwierigere, komplexere, seltenere Form (Konjunktiv II etwa).

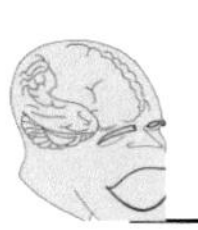

Dieses Prinzip hat aber unliebsame Konsequenzen. Es wird ein Fall von „Mehr desselben". Man muss immer noch eins draufsetzen, damit es richtig höflich wird und so nutzt sich das Alte ab. In der Sprachgeschichte zum Beispiel gibt es viele Wörter – wie etwa *frouwe*, das früher für hochgestellte Frauen galt und darum für andere als höflich – und heute als Normalbezeichnung kommt. Ich will nicht sagen verkommt. Denn das Normale ist für mich das Eigentliche. Sich bedanken etwa ist der Normallfall. Auffällig ist, wenn man es unterlässt. „Ein Brot, bitte" und „Guten Morgen" ist Normalfall. Darum schon Aristoteles: Das Maß der Mitte = Immer das richtige Maß. Der default ist natürlich kein allgemeiner, genereller Standard. Er ist im reziproken Wissen. Und das kann bekanntlich auch mal nicht ganz koordiniert sein.

Und da ist noch ein anderes Problem mit den Maximen der Höflichkeit:

- ► Mach dich selbst kleiner!
- ► Mach den Partner größer!

Nur, wie steht es mit dem „als"?

- als du denkst,
- als du glaubst, dass du bist,
- als du glaubst, dass dein Partner glaubt, dass du bist.

Sie wissen schon, wo das hinführt. Analog die zweite Maxime:

- als der Partner ist,
- als du glaubst, dass die Partnerin ist,
- als die Partnerin glaubt, dass sie ist.

Da kann man sogar ein Paradox der Höflichkeit erkennen:

Sich groß machen, indem man sich klein macht.

Übrigens das Hutabnehmen ist sinnbildlich hierfür. Frage nur: Warum hat man ihn aufgesetzt?

Komplimente – Wozu denn?

Komplimente sind ein Fall der positiven Höflichkeit. Es geht darum, dem Partner Wohlgefühl zu verschaffen und sein Wohlwollen zu gewinnen. Dazu der Ausdruck von Anerkennung, Wertschätzung und Lob. Das ist nicht immer einfach. Ja, es kann sogar nach hinten losgehen.

Komplimente sind was Nettes. Sie sind der Schmierstoff einer guten Beziehung. Ja, aber wie leicht können sie schmierig werden! Wie bei aller Kommunikation kommt es aufs Feintuning an. Das Kompliment sollte als solches gedacht und verstanden werden. Da es eine Art Lob enthält, müssen die gegenseitigen Bewertungsmaßstäbe stimmen. So mag „Madame, Sie sind so schön füllig geworden" in Afrika als Kompliment genommen werden, bei uns aber schwerlich.

Und dann muss man immer bedenken: Der Komplimenten-Drescher will auch was. Also methodisch vorgehen?

Nie hätte ich gedacht, auch als „älteres Modell" bei jungen und hübschen Frauen noch erfolgreich sein zu können. Ich kann ihre Methode Traumfrauenmit-Komplimenten-rumkriegen guten Gewissens weiter empfehlen. Wer sich an das, was dort geschrieben steht, hält, kommt zum Erfolg.

Ronny aus Flutschbach, 45 Jahre Mail: Ron02675@t-online.de

Für gängige Komplimente kann er sich eine Komplimentendreschmaschine basteln, die allerdings eher kontraproduktiv sein könnte, nach gängiger Lehre wenigstens (Keine Komplimente über das Äußere!):

Deine	Brille	ist	wunderbar.
Diese	Frisur		reizend.
Die neue	Hose		super.
	Haut		klasse.
	Jacke		TOLL!
	Jeans		
	Puppe		
	Tasche		

Adjektive nutzen sich aber ab. Jede Steigerung hat die Chance zum Normalfall zu verkommen. Komplimente sollen das Besondere des Empfängers herausheben, drum sollten sie selbst auch besonders sein. Originalität ist ein Ingredienz des packenden Kompliments. Das kann man auch an den kosenden Anreden erkennen, mit denen Panegyriker sich übertroffen haben von Eichendorffs „Du schönste Wunderblume süßer Frauen!" bis hin zum Dada-Schwitters „Oh Du, Geliebte meiner 27 Sinne, ich liebe Dir!". Hauptsache, es glückt, man kommt an, auch wenn es etwas ausgelutscht ist.

Feiner sind schon indirekte Komplimente. Sie funktionieren vielleicht eher, wenn man sich gut kennt:

Seit wann wohnen Sie hier? – Oh, seit Jahren. – Und ich dachte, ich kenne alle hübschen Frauen der Gegend.

Du verstehst so viel von Computern. Könntest du mir ein bisschen helfen?

Von so einem Turmalinring träum ich seit Jahren.

Ihre Augen leuchten wie Sterne.

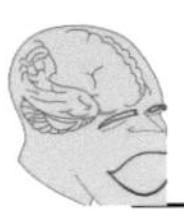

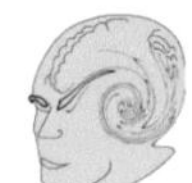

Auch überzogene sind gefährlich.
Sie können nur ironisch zu verstehen sein:

Neben dir verliert Aphrodite.

Selbst, wenn ein Kompliment gar nicht so gedacht, nur so verstanden wurde, wird es als Gemeinheit gewertet. Das ist nur ein Gefahrenpotenzial des Kompliments. Andere Komplimente sind eher zweischneidig, mehr vom Typus „Scheiße in Geschenkpapier". (Dazu haben Sie doch schon gelesen. Oder?) Da gilt es immer zu bedenken, wie die Partnerin gedanklich reagiert:

Du hast so gute Ideen. – Was andres erwartet?
Heute schaust du super aus. – Und gestern? Und sonst?
Das bisschen Bauch steht dir richtig gut. – Jeder Bauch ist Scheiße.

Ähnlich auch das Körnchen Salz: Man macht ein Kompliment und nimmt es gleich zurück. Danach oder in einem.

Das hast du wunderbar gesagt. Vielleicht ein bisschen übertrieben.
So klug und blond.

Oder zweifelhaft und ambivalent:

Dein neues Kleid ist wunderbar. So wie du.
Dein Antlitz scheint so licht wie der Mond.

Ich ende mal mit ein paar beherzigenswerten Sprüchen von Mark Twain:

> Ein Dutzend Tadel sind leichter zu ertragen als ein linkes Kompliment.
>
> So oft ich Komplimente bekam, ich hab immer gespürt: Sie sind noch nicht dick genug.
>
> Nur ein Arschloch macht ein Kompliment und hofft auf die Früchte postwendend. Es gibt genügend Arschlöcher.

Alle Komplimentierer verfolgen Ziele. Darum ist das Hauptziel des Komplimentierers, sein Ziel zu verstecken, zumindest der Komplimentierten die Chance zulassen zu meinen, das Ziel sei versteckt.

Der Schuss geht nach hinten los, wenn das Kompliment als Schmeichelei wahrgenommen wird. Also auf den Wahrheitsgehalt achten! Oder besser: Was B gern für wahr halten würde und vielleicht hält. Zumindest sollte B ein bisschen glauben können, dass A das glaubt.
Aber so kompliziert ist nur die Beschreibung.

Und für Ausgehungerte noch ein Mark Twain:

> Wenn du keine Komplimente bekommst, mach dir selber welche.

Unterbrich mich bitte nicht.

Unterbrechen = Verbrechen? Das insinuieren Kommunikationstrainer und Ratschläger immer wieder. Und Rechthaber beanspruchen damit gern das Rederecht.

> Während meines ersten Spanienaufenthaltes wurde ich von Bekannten zu einem Abendessen eingeladen. Wir saßen gemütlich beisammen und unterhielten uns angeregt über Gott und die Welt. Als Deutsche wartete ich natürlich höflich ab, bis einer der Gesprächspartner zu Ende gesprochen hatte und tat dann meine Meinung zu diesem Thema kund. Doch ich wurde ständig unterbrochen.

Mit der Zeit überkam sie das Gefühl, unhöflichen und schlecht erzogenen Personen gegenüber zu sitzen.

> Meinen Bekannten ging es nicht viel anders. Sie wussten nicht, was sie von mir halten sollten, und waren sich nicht im Klaren darüber, ob mich nun ihre Erzählungen langweilen oder ich sie vielleicht gar nicht verstehe.

Erst viel später wurde ihr bewusst, dass es hier um was ganz Andres ging, nämlich dass man dem Gesprächspartner durch Unterbrechungen sein Interesse zeigt.
Das ist auch ein Aspekt.

Gut gedacht, aber riskant ist das vorauseilende Unterbrechen: Man weiß schon, was der Partner sagen will. Spricht es aus oder geht schon darauf ein:

> Ich wollte doch . . .
>
> Ja, ja ich weiß schon. Du wolltest natürlich . . .

Das kann leicht schieflaufen, bis eklig werden

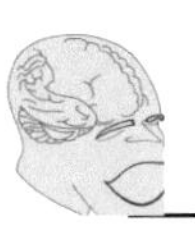
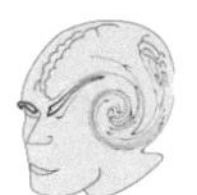

Was als Unterbrechen zählt und was ein Partner als Unterbrechen wertet, unterliegt keinem allgemeinen Standard, auf den man sich berufen könnte. Sprecherwechsel sind gut untersucht. Ergebnis: Im Gespräch wechselt es nicht einfach so. Die Partner tun es. Und ob und für wen es gerechtfertigt ist, ist eine offene Frage. Und oft ist die Medizin schlimmer als die Krankheit.

Früher war es in politischen Gesprächsrunden üblich, das Rederecht zu fordern, zu monieren, dass man unterbrochen wurde. Das könnte auch heute noch nötig sein.

S: Haben Sie sich verfassungsrechtliche Gedanken gemacht?

G: Nee, weil es ja auch Blödsinn ist.

S: Ich wollte . . .

G: Bitte lassen Sie uns den Quatsch beenden.

S: Es wird von sehr ernst zu nehmenden Verfassungsrechtlern diskutiert. Dem kann man sich doch auch mal stellen.

G: Das mach ich doch gerade.

S: Sie sagen Quatsch. Eine besondere Argumentation.

G: Sie drehen nicht das erste Mal Interviewten das Wort . . .

S: Sie werden mir jetzt nicht unterstellen . . .

G: Gar nichts unterstelle ich.

S: Aber man kann doch diskutieren über . . .

G: Worüber denn?

S: Ich trage ja nur Meinungen von anderen an Sie heran.

G: Irgendwelche!

Doch kurz zur positiven Seite: Unterbrechen können und sich unterbrechen lassen ist die hohe Kunst der Kommunikation.

Dass es funktioniert, zeigt, dass die Partner sich verstehen, dass sie sich gegenseitig respektieren, wohlkoordiniert sind.

Sich unterbrechen können ist der Gipfel des Verstehens.

Soll das ein Witz sein?

Ist das Folgende ein Witz oder witzig?

> Der Himmel ist dort, wo die Briten Polizisten, die Franzosen Chefs, die Deutschen Automechaniker, die Italiener Liebhaber sind und all das von den Schweizern organisiert wird.
> Die Hölle ist dort, wo die Briten Chefs, die Franzosen Automechaniker, die Deutschen Polizisten, die Schweizer Liebhaber sind und alles von Italienern organisiert wird.

Irgendwie ja.

Bei Witz denkt man schnell an die Textsorte Witz. Diese Verwendung des Wortes ist aber bei weitem nicht die häufigste, von der historischen Entwicklung gar nicht zu reden, wo in früherer Zeit Witz bekanntlich viel mit Geist und Klugheit zu tun hatte.

Überwiegend wird Witz hier als eine Eigenschaft von Menschen gesehen, vor allem von jenen, die Witz und Charme haben. Aber auch, was sie tun, kann Witz und Charme haben.

Was gehört dazu, damit ein Text witzig ist?

unterhaltsam
frech
komisch pointiert
geistreich intelligent
amüsant
spannend klug
gemeint humorvoll gescheit
spritzig witzig
ironisch

Lachen als Reaktion ist das Kriterium des Witzigen, sei es das Lachen des Sprechers, sei es das Lachen des Hörers. Aber warum lachen wir? Es geht um den doppelten Sinn, darum dass eine Äußerung eine gewisse Zweideutigkeit zeigt, dass sie nämlich naheliegend in einem Sinn verstanden werden kann und vielleicht etwas ferner liegend in einem anderen Sinn. Dabei kann der andere Sinn gerade das Eigentliche sein.

Wichtig bleibt aber das Schillern zwischen beiden.
Das Erstverstehen ist erwartet. Das Zweitverstehen ist eher unerwartet und überraschend. Unerwartet und überraschend scheinen schon früher als Lachauslöser erkannt worden zu sein. Mit dem zweiten Sinn zeigt der Produzent Reflexion und Distanz. Distanz kann sich auf unterschiedliche Weise zeigen. Zum Beispiel wie im Eingangstext:

- durch Übertreibung
- durch zitative Redeweise

Für das Gelingen sind die allgemeinen Prinzipien der Kommunikation zuständig. Insbesondere spielt die Aufwärmung eine wichtige Rolle: Ankündigung von Witzen oder Standardformeln für Witze und Nennung von Figuren wie Tünnes und Schäl oder Kleinfritzchen oder Ähnliches leisten das.
Grundsätzlich sind die meisten Witze unterinformativ, da das Eigentliche implizit bleibt. Man muss draufkommen, um den Witz zu verstehen und so zu seinem Lacher zu kommen. Wir verwenden dazu zwei Hinblicke:

> Der erste Blick ist vordergründig, er bewegt sich in einer gewissen Sphäre.
>
> Der zweite Blick betrifft das Implizite, eine zweite Sphäre.

Zwischen beiden Blicken und Sphären herrscht eine gewisse Dissonanz. Aber die zweite Sphäre wird nicht sofort aufgemacht. Darin liegt die Überraschung.
Man könnte es auch die Pointe nennen.
Übrigens beim Witze erzählen ist eine Kunst, den Partner möglichst lange in der ersten Sphäre zu halten, aber nicht den Absprung zu verpassen. Schlecht ist es bekanntlich, wenn der Partner zu früh die Pointe erahnt.
Nicht jeder kann allerdings über jeden Witz lachen. Gut, wenn er ihn nicht versteht, lacht er vielleicht nur gequält und zum Schein. Einer andern ist der Witz vielleicht zu anzüglich und noch ein anderer rafft das Emanzipatorische an Witzen nicht. Da bleibt ihm das Lachen im Halse stecken.

> Warum haben Neger keine Handlinien? – Sie brauchen keine, haben sowieso keine Zukunft.
> Was ist ein Neger? Ein Schwarzafrikaner, der gerade rausgegangen ist.
> Welche drei weißen Dinge hat ein Neger? Zähne, Augen und Chef.

Am besten vielleicht, man beschränkt sich auf Flachwitze? Ich hoffe, Sie kennen den ein oder anderen noch nicht.

> Warum ging der Luftballon kaputt? – Aus Platzgründen. – Oh je.
> Was steht auf dem Grabstein des Mathematikers? – Damit hat er nicht gerechnet. – Aha.
> Wie nennt man einen dicken Schriftsteller? – Kugelschreiber.
> Was sagt der Taxifahrer zum Kunden? – Sie sehen heute so mitgenommen aus.

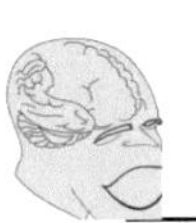

Damit bin ich bei der Grundfrage des Witzerzählers: Kennt der Partner den Witz schon? Im schlimmsten Fall haben Sie ihr den schon selbst erzählt.
Vielleicht nehmen Sie es einfach hin und trösten sich hiermit: Wissenschaftler sollen erkannt haben, dass man bei persönlichen Dingen eher vergisst, dass man es dem Partner schon erzählt hat. Das habe damit zu tun, dass man sich stärker auf sich selbst konzentriert als auf das Gegenüber, wenn man über sich selbst spricht.
Ja, eben! So können wir nur hoffen, dass es dem Partner nicht ähnlich ergangen ist.

Aber manches kann man wirklich nicht oft genug erzählen.

Das ist doch . . .

. . . paradox! Und pfiffig:

> Ich dank es dem lieben Gott tausendmal, dass er mich zum Atheisten hat werden lassen. (Georg Christoph Lichtenberg)
>
> Ich war gottseidank immer Atheist. (Luis Buñuel)

Ok, das letzte riecht ein bisschen nach Plagiat, kann aber auch kongenial sein. Paradoxe beschäftigen die Logiker seit Urzeiten. So das Lügnerparadox: „Alle Kreter lügen, sagt ein Kreter." Sie kennen es. Oder dies hier: „Es regnet. Aber ich glaub's nicht." Nicht weiter schlimm? Vielleicht werden sie es auflösen. In freier Wildbahn wird mit Paradoxen aber mehr angestellt.

In einem Paradox steckt ein Widerspruch. Kommunikativ beruht das darauf, dass jemand sich widerspricht. Das wird dann in der Regel ausgetragen. Oft genug kommt dabei nur raus, dass man sich nicht gut, nicht richtig verstanden hat.

Wenn wir in einer Diskussion etwa jemandem vorwerfen, er widerspreche sich, dann ist das Anlass zu klären, was er gemeint hat. Wir sind zufrieden, wenn sich der Widerspruch aufklärt oder wenn der Partner es einsieht und etwas zurücknimmt. Hier verfahren wir nach dem Motto „Verstehen vor Widerspruch". Das heißt, wir beseitigen den Widerspruch durch ein besseres Verständnis. Das ist sozial und kooperativ.

Ebenso dies: Man widerspricht einem Partner, der etwas behauptet hat, indem man selbst das Gegenteil behauptet (oder das Behauptete bestreitet oder negiert). Kommunikativ gesehen muss diese Art Paradoxie nicht tödlich sein. Kommunikation lebt davon, dass Leute unterschiedlicher Meinung sind und dies ausdrücken. Oft gar sieht man den Sinn der Kommunikation in der sukzessiven Angleichung des Gemeinsamen Wissens.

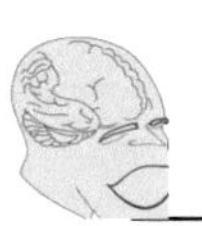

Also: Wenn verschiedene Sprecher Unverträgliches sagen, ergibt das kein Paradox. Darum sind Analystenempfehlungen in dieser Hinsicht wenigstens nicht problematisch:

> Angesichts der guten Aussichten und der niedrigen Bewertung bleibt die Deutsche Bank-Aktie für die Experten von „Der Aktionär" ein Kauf.
>
> Das japanische Analysehaus Nomura hat das Kursziel für Deutsche Bank [...] gesenkt und die Einstufung auf „Reduce" belassen.

Derartige Widersprüche sind an der Börse Legion und der Kummer analystenhöriger Anleger. Die Börse ist eine kommunikative Großveranstaltung. Aber ein Widerspruch liegt natürlich nicht im strengen Sinn vor, wenn verschiedene Sprecher die Aussagen zu verantworten haben.

Ein Autor widerspricht sich. Das klingt schon schlimmer. Aber die zeitliche Abfolge der widersprüchlichen Äußerungen ist wichtig. Zeitlich auseinander sind natürlich zwei Aussagen immer, es sei denn der Widerspruch steckt in einem einzigen Satz. Dass aber ein Mensch seine Meinung ändert, das ist ganz normal. Ohne diese Fähigkeit wär er statisch, geistige Entwicklung wäre ausgeschlossen. Aber wie schnell, wie oft gestehen wir ihm das zu?

Wenn jemand sich wirklich widerspricht, sozusagen im gleichen Atemzug, oder wirr redet, dann denken wir oft mit Recht, er tickt nicht richtig.

Nun aber: Ein Autor scheint sich zu widersprechen und geht davon aus, dass der Partner dies erkennt. Da handelt es sich um Ironie, wie in dieser Formulierung schon zum Ausdruck kommt durch das „scheint". Der Widerspruch ist nur vordergründig, gemeint ist etwas Andres dahinter.

Er besteht darin, dass jemand etwas zu behaupten scheint, von dem beide Partner aber wissen sollten, dass es nicht stimmt. So wird man in diesen Beispielen die Reaktion ironisch verstehen, wenn man über des Sprechers Pünktlichkeit was weiß:

Spätestens um 5 bin ich bei dir. – Klar, wie immer.

Spätestens um 5 bin ich bei dir. – Vielleicht morgen um 5?

Ich liebe die Ironie – sagt der Ironiker.

Manche halten die Ironie für gemein. Das gilt aber nur für Unwissende. Echt gemein ist das sogenannte double bind.

Was die Mona Lisa hier macht, ist eine Art double bind, von dem es heißt, dass auf verschiedenen Kanälen Widersprüchliches gesendet wird. So sagt die Mona Lisa simsisch „Hab dich ganz doll lieb“, bringt aber zugleich mimisch eher das Gegenteil zum Ausdruck. Was gesagt wird und wie es gesagt wird, klaffen auseinander.

Gravierender ist das hier: Die Mama sagt zu ihrem Kind „Komm, mein Liebling!“, macht aber eine abweisende Geste oder ein entsprechendes Gesicht dazu.

Es heißt, Mütter, die mit Kindern solche Spielchen treiben, könnten sie in die Schizophrenie treiben.

Ja, da wär dann noch das Spontan-Paradox: Mit Entzücken etwas tun sollen, was man gar nicht will.

Du solltest deine Aufgaben gern erledigen.
Sei doch froh, dass du mir einen Gefallen tun kannst.

Und lebenspraktisch:

Der Uli Hoeneß hätte eigentlich 20 Jahre brummen müssen, sagt das arme Steuersünderlein.
Toller Sommer! Es wird doch immer wärmer, sagt der Ökogegner.
Urlaub in fremden Kulturen bildet, sagt der Klimaschützer.

Und zum guten Schluss:
Emotionale Intelligenz ist ein Renner: Sich der eigenen Gefühle bewusst werden und die der Partner erkennen. So kann man erkennen, wie gut die eigene Kompetenz entwickelt ist.

Gut entwickelt hier:
Ich bemerke Gefühle bereits im Anfangsstadium.

Ausbaufähig da:
Ich bemerke Gefühle erst, wenn sie stark sind.

Muss ich das Paradox erklären?
Wo sind nicht bemerkte Gefühle?
Kommunikative Intelligenz ist da schon weniger entwickelt.

„Ich bestreite doch gar nichts."

TIT-for-TAT

alter Sack – – – Arschloch
Arschi – – – Trottel
Chauvi – – – Alte Sau
Cunt sucker – – – Arschi
Blöder Esel – – – Dumme Kuh
Doofi – – – Entenarsch
Grabschi – – – Gans
Rowdy – – – Geilarsch
Schluri – – – Pussikussi
Trottel – – – Qualle
Hurenbock – – – Ratte
Labersack – – – Trottoirschwalbe
Rammelhammel – – – Schmuseduse
Analratte – – – Tittenmonster

So geht es oft her in der Kommunikation, nicht nur beim Beschimpfen. Gleiches mit Gleichem vergelten hat hohe Plausibilität und eine ehrwürdige Tradition. Heißt es doch in der Bibel schon: „Auge um Auge, Zahn um Zahn, Hand um Hand, Fuß um Fuß . . ." (2. Mose, 24). Aber das ist doch Altes Testament! Und aufgehoben in: „Ich aber sage euch: . . . . wenn dir jemand einen Streich gibt auf deine rechte Backe, dem biete die andere auch dar." (Mt 5, 39). (Manche reden auch feierlicher von der Wange oder der linken, was natürlich nichts an der Substanz ändert.) So ganz aufgehoben ist es aber nicht. Leute, die für die Todesstrafe sind, werden sagen: Der hat jemand umgebracht, er soll das Gleiche erleiden. Ein faschistisches Argument, wie Bertrand Russell seinerzeit gezeigt hat. Bleibt die Frage, wer am Ende übrigbleibt.

Spieltheoretisch wurden Strategien dieser Art simuliert und alternativ ausgetestet. Da erwiesen sich beide christlichen Strategien nicht als optimal. Der Versuch beginnt mit der Frage: Wann sollte eine Person in einer fortlaufenden Interaktion mit einer anderen Person kooperieren? Und wann sollte sie sich selbstsüchtig verhalten?
In Computer-Turnieren wurde die beste Strategie für TIT-for-TAT ermittelt. Dabei ging es sozusagen um fortwährende Spiele über einen längeren Zeitraum: Die Spieler treffen immer wieder aufeinander. Und dabei schälte sich heraus, dass ein erfolgreiches Grundprinzip ist: Nicht als erster unkooperativ handeln. Nachsicht ist über zwei Schritte die beste Strategie. Erst danach wird zurückgeschlagen.
Vier Punkte, Ratschläge quasi, sind festgehalten:

- Sei nicht neidisch.
- Sei nicht als erster unkooperativ.
- Erwidere sowohl Kooperation als auch Nicht-Kooperation.
- Sei nicht zu raffiniert.

Aber eben doch mit Einschränkungen.
Axelrod plädiert nicht für den christlichen Gut-Menschen: Unbedingte Kooperation tendiert dazu, den anderen Spieler zu verderben, sie belässt die Bürde der Besserung schädigender Spieler bei dem übrigen Teil der Gemeinschaft. Nach seiner Meinung sind feedback und Reziprozität eine bessere Grundlage für Moralität als unbedingte Kooperation.
Moralisch ist das TIT-for-TAT sowieso nicht zu rechtfertigen.

Die goldene Regel der Moral in landläufiger Formulierung bringt Sie schnell drauf, dass TIT-for-TAT unmoralisch ist. „Was du nicht willst, dass man dir tu, das füg' auch keinem anderen zu." Also: Wenn Sie den Mörder umbringen, sollten Sie sich anschließend selber umbringen lassen. Doch der Arme, der das tut! Er ist alsbald selber dran.

Ein bisschen von der TIT-for-TAT-Art ist: „. . . und du doch auch nicht!" Ein gängiges Muster. Leider. Ich kenne es gut von meiner Frau. Und natürlich ein Scheinargument.

Wo führt es hin? Neulich habe ich zu einem guten Freund gesagt: „Du hast mir noch gar nicht die Bilder von der Romreise geschickt." Darauf: „Du doch auch nicht." Da ich natürlich ein netter empathischer Mensch bin, gehe ich ein auf das Muster. Klar, dann passiert gar nichts. Immer muss einer schlauer sein. Aber wer? Ok, es gibt viele Möglichkeiten aus dem Muster auszubrechen.

Wer das Muster befolgt, kann auch schon mal zu vorschnellen Fehldeutungen kommen. Denn natürlich war das kein Vorwurf an meinen Freund, sondern eine indirekte Bitte. Ja, und was er dann gesagt hat, eine herbe Zurückweisung für mich. Auch das eine kommunikative Sackgasse. Da muss man dann schon über den Schatten springen.

Nun aber zum Moralischen. Da hilft natürlich wieder die Volksweisheit, wirklich eine. Drum wiederhol ich sie: „Was du nicht willst, dass man dir tu, das füg auch keinem andern zu."

Das hebelt das Retourkutschenmuster selbstverständlich aus. Denn wenn es gälte, dann müsste man ja nicht bei den Fotokinkerlitzchen bleiben. Du hast mir einen Euro geklaut, also darf ich dir auch einen klauen (am besten noch bisschen mehr). Du hast dein Kind verprügelt, also . . .

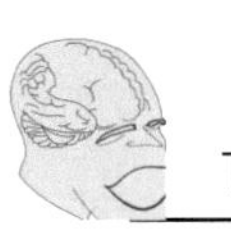

Du hast jemanden schwer verletzt, umgebracht gar, also . . .
Nun aber, alles was uns unsere Sprache zur Verfügung stellt, hat seinen Sinn. Wie ist das also mit dem Du-doch-auch-Totschlag? Ja klar, es taugt prächtig zum Streiten. Es soll von einem selbst ablenken. Es soll einen selbst vor Argumenten schützen und so weiter und so weiter und so weiter.

Reich dem Feind die Hand!

Bloß nicht auf die Füße treten!

Wie wär's mit Argumenten?

Der Scharfsinn verlässt geistreiche Männer am wenigsten, wenn sie unrecht haben. (Goethe)
Ja, und was tun sie dann? Sie argumentieren. Wie aber geht argumentieren? Und vor allem, wie geht es richtig?
Argumentieren heißt nicht einfach Schlüsse ziehen, wie wir es dauernd tun. Argumentiert wird, wenn eine Behauptung fraglich oder strittig ist. Eine Behauptung Y ist nur dann ein Argument für eine andere Behauptung X, wenn X in irgendeiner Weise aus Y folgt. Damit die Folgerung als sicher gilt, braucht es die Schlusslizenz S. Sie rechtfertigt den Schluss von X auf Y.
Also:
X = Die Straße ist nass.
Y = Es regnet.
S = Wenn es regnet, ist die Straße nass.
K = Also ist die Straße nass.

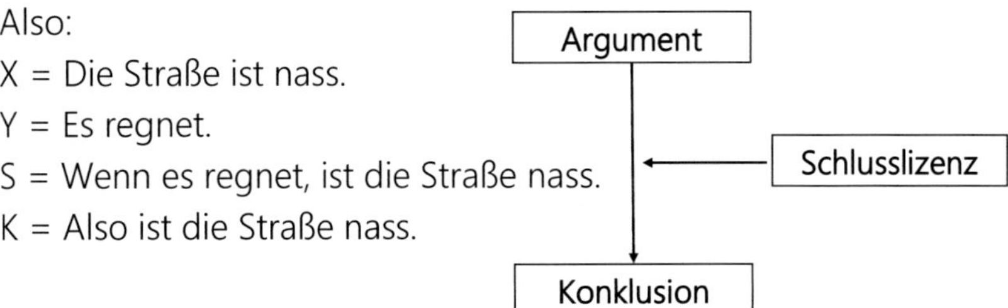

Das ist simple Logik. Sie gilt auch in natura. Man muss allerdings das S etwas aufweichen: Folgt die Konklusion immer und logisch notwendig aus dem Argument oder folgt sie nur normalerweise, sehr oft, relativ häufig, häufiger als üblich?
Doch in natura geht es auch anders her. Es gibt eine Menge Muster für invalide Argumentation.
Hier ein paar beliebte Fehlschlüsse, weil sie so schöne lateinische Namen haben.

- ad personam = persönlich werden
- ad nauseam = bis zum Erbrechen = Falsches dauernd wiederholen

- ad conceptum = Wörter umdefinieren
- ad ignorantiam = das weiß man nicht
- ad populum = mit angeblicher Beliebtheit argumentieren
- ad verecundiam = Verweis auf Autoritäten
- ad misericordiam = auf die Tränendrüse
- ad ideologiam = Verweis auf allgemeine Grundsätze
- ad singulum = vom Allgemeinen auf das Besondere

Nun aber praktisch. Sie sehen wohl schon wo's hakt. Manche sind auch von der obigen Art.

Jeder Mensch gehört zu einem bestimmten Typ: Der eine ist mehr visuell orientiert, die andere mehr auditiv.
Wie zeigt sich das? Und gilt es für alle? Vielleicht gibt es auch welche, die bi sind.

Praktisch alle sind für diese Lösung. Wir sollten sie also wählen.
Wer denn nicht? Und warum? Und was ist mit denen?

Du bist in letzter Zeit nicht nett zu mir.
Ja, was war denn?
Dauernd.
Kannst du ein Beispiel geben?
Ich spür das einfach.

Das sagt doch der gesunde Menschenverstand.
So viel hab ich nicht. Was sagt er denn genau?

Du hast vergessen, Claudia von der Schule abzuholen.
Es gibt Situationen, da muss man Präferenzen setzen.

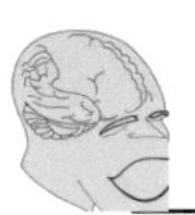

Manchmal muss man Kindern gegenüber Stärke zeigen. Sie müssen doch lernen, wo's langgeht.
Ich hab nicht gedacht, dass du so autoritär bist. Das find ich gar nicht gut.

Ich denke, wir sollten schauen, wie wir uns besser vertragen.
Ich stehe auf dem Standpunkt, man muss einen Konsens finden.

Jeder vernünftige Mensch würde so entscheiden.
Aber wer ist schon vernünftig?

Das haben wir noch nie gemacht. Wir haben immer . . .
Ja, und damals bei Vera zum Beispiel?

Warum legst grade du dich so ins Zeug für den kleinen Peter?
Es geht nicht um mich.

Wir sollten mal eine Therapie machen.
Das möchte ich lieber nicht.
Genau das zeigt doch, dass wir eine brauchen.

Ja, das wissen Sie: Das Argumentieren hat kein Ende. Die Schlusslizenz ist auch nicht sakrosankt. Man kann sie bestreiten oder bezweifeln. Dann geht's einfach weiter.
Am glücklichste endet die Argumentation, wenn sie akzeptiert wird.
Oft genug hätte man das auch gleich haben können.

Killing me softly: Was willst du denn?

„Was willst denn du?" Und so weiter. So klingen Totschlagargumente. Sie sind natürlich gar keine Argumente. Sie bringen die Diskussion nicht voran. Nicht einmal die Person, die sie gebraucht. Killerphrasen werden bewusst oder unbewusst verwendet. Hier sind gängige zur Einstimmung, weniger zur Verwendung. Imaginieren Sie dennoch passende Situationen dazu.

Sie sollten wissen, dass das nicht geht.
Du denkst nur an dich.
Für so etwas haben wir weder Zeit noch Geld.
Ich weiß jetzt schon, wie das weitergeht.
Ich weiß, wie die Geschichte wieder endet.
Sie haben von der Praxis keine Ahnung.
Sie sehen den Gesamtzusammenhang nicht.
Sie sind nur auf Ihren Vorteil bedacht.
Sie argumentieren rein emotional.
So kann nur ein _____ argumentieren.
Was ist denn nur eine . . .?

Öfter werden Typen solcher Phrasen unterschieden:

- Angriffs-Killerphrasen
- Autoritäts-Killerphrasen
- Bedenkenträger-Killerphrasen
- Beharrungs-Killerphrasen
- Bescheidenheits-Killerphrasen
- Besserwisser-Killerphrasen

Deftige Killbeispiele

Diese Phrase dient dem direkten, persönlichen Angriff.

„Mir war von vornherein klar, dass du sowas ablässt."

„Wie oft muss ich dir das noch sagen: Das geht so nicht!"

Diese soll einschüchtern, demonstriert Überlegenheit.

Jegliche Veränderung wird abgelehnt.

„Das war bei uns schon immer so!"

„Klar, wir haben ja auch unendlich Zeit zur Verfügung."

Suggeriert ironisch: Alles unrealistisch. Überlegenheit wird beansprucht, die Meinung des Gegenüber wird diskreditiert.

Timid und zögerlich, Angst vor Veränderung wird da verwendet.

„Ich bin mir nicht sicher, ob wir uns auf sowas einlassen sollten?"

Ja, und dann gibt es die süßen Heilmittel: Versuchen, auf die thematische und sachliche Ebene zurückzuführen. Thematisieren, dass das soeben Gesagte eine Killerphrase oder ein Totschlagargument war und das Gespräch damit auf die Meta-Ebene heben. Wenn man sich da mal nicht verhebt!

Kannst du mir das Szenario, das du dabei im Kopf hast, bitte kurz schildern? –
Um ehrlich zu sein: Ich weiß es nicht. Vielleicht wäre es möglich, das Ganze noch einmal kurz erklären? –
Ja bitte, ganz kurz? –
Um ehrlich zu sein: Ich weiß es nicht.

Bei den ganz Klugen wird im Vorhinein vereinbart, dass derart negative Reaktionen nicht erwünscht sind. Doch dazu müsste man eben viele kennen. Ein gefährliches Spiel? Lassen Sie sich nicht verführen!

Kann es sein, dass du dich heute nicht so gut fühlst?

Du verstehst mich nicht.

Das ist nichts für Kinder.

Du kriegst keine Extrawurst.

Wer nicht will, der hat schon.

Warum isst du schon wieder nichts.

Dazu bist du noch zu klein.

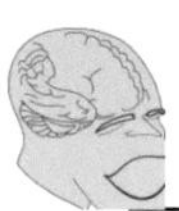

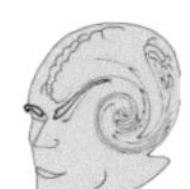

Nun könnten Sie ja etwas trainieren.
Überlegen Sie:
Was könnten Sie als Antworten in den Blasen ablassen?

Da führt nun mal kein Weg dran vorbei.

Das glaubst du doch selber nicht.

Das ist doch kein Umgang für dich.

Kannst du denn nie genug kriegen.

Was soll bloß aus dir werden!

Du denkst immer nur an dich.

So geht das aber nicht.

Mach nicht so ein Theater.

Red nicht so einen Stuss!

Hör auf, dich wie ein Kind zu benehmen.

In Frage gestellt – mit Fragen

Das Fragezeichen kommt uns so vor, als ob es den Mund aufspannte, etwas zu fragen, und in der gekrümmten Stellung unsere Antwort erwartete.
Moritz Gottlob Saphir Gesammelte Schriften 1832

Ja, man wird doch mal fragen dürfen. Wirklich? So unschuldig kommen Frager daher. Darum mal einiges zur Fragerei.

Warm up = Die Gretchenfrage im Faust:

Nun sag, wie hast du's mit der Religion?

Faust: Lass das, mein Kind! Du fühlst, ich bin dir gut;
Für meine Lieben ließ' ich Leib und Blut,
Will niemand sein Gefühl und seine Kirche rauben.

Margarete: Das ist nicht recht, man muss dran glauben.

Faust: Muss man?

Margarete: Ach! wenn ich etwas auf dich konnte!
Du ehrst auch nicht die heil'gen Sakramente.

Faust: Ich ehre sie.

Margarete: Doch ohne Verlangen.
Zur Messe, zur Beichte bist du lange nicht gegangen.
Glaubst du an Gott?

Faust: Mein Liebchen, wer darf sagen: Ich glaub an Gott?

Margarete: So glaubst du nicht?

Faust: Misshör mich nicht, du holdes Angesicht!
Wer darf ihn nennen?
Und wer bekennen: „Ich glaub ihn!"?
Wer empfinden,
Und sich unterwinden zu sagen: „Ich glaub ihn nicht!"?
Der Allumfasser,
Der Allerhalter,
Fasst und erhält er nicht
Dich, mich, sich selbst?
Wölbt sich der Himmel nicht da droben?
Liegt die Erde nicht hier unten fest?

Beliebte Technik: Gegenfrage. Irgendwie nicht ganz unfair. Schon die Anfangsfrage kann man als Zumutung, als Angriff verstehen. Und dann würde da einfach nur zurückgeschossen.
Im Faust kann man aber auch die Strategie des Verunsicherns, des Totfragens erkennen. Übrigens, der Faust zeigt uns auch noch, wie man hehr ausweicht. Dagegen kann doch niemand was sagen?
Fragen gibt es wie Sand am Meer. Wer viel fragt, erfährt viel. Das lehren sogar manche ihre Kinder. Sind Sie mit der Sesamstraße groß geworden? Viele Kinder fragen aber sowieso schon genug – und uns Löcher in den Bauch.
Man versteht nun auch, warum Bodenheimer ein ganzes Buch über die Obszönität des Fragens geschrieben hat. Das kann schon ganz naiv damit anfangen, dass, wer fragt, ein Thema setzt, bestimmt, wo es langgehen soll.

Im naiven Normalfall kann man sagen:

Wer eine Frage stellt, legt sich darauf fest,

- dass er die Antwort nicht weiß,
- dass er die Antwort haben möchte,
- dass er glaubt, dass es eine Antwort auf die Frage gibt,
- dass er glaubt, dass der Adressat eine Antwort weiß,
- dass er glaubt, dass der Adressat eine Antwort geben kann,
- dass er glaubt, dass der Adressat bereit ist, eine Antwort zu geben.

Problematisch werden oft die folgenden Typen:

Bestätigungsfrage
Der Gefragte soll kundtun, dass er – wie der Fragende – eine vorgeschlagene Behauptung für wahr hält.

Prüffrage
Der Gefragte soll zeigen, dass er die Frage beantworten kann.

Suggestivfrage
Der Gefragte soll der insinuierten Behauptung zustimmen.

Rhetorische Frage
Der Gefragte soll der Fragenden beipflichten zu einer für evident deklarierten Behauptung.

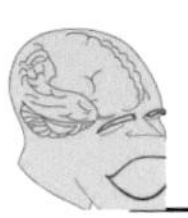

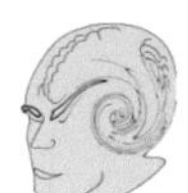

Aber auch die Antwort kann es in sich haben. Nur soviel: Überantworten, also zu viel, können durchaus kooperativ sein. Aber sie können auch vom Hundertsten ins Tausendste führen. Hingegen führen Unterantworten – wie sie Politiker öfter geben – direkt zu Kommunikationsproblemen.

Es gibt keine Antwort auf falsche Fragen.
Das gilt auch für insinuierende Fragen oder Tendenzfragen, etwa solche mit einem *doch* oder *nicht*, die eine bestimmte Antwort nahelegen. Desgleichen solche mit stillen Behauptungen, die dem Partner untergejubelt werden sollen.

> Du weißt es doch? (Du stimmst mir doch zu.)
> Warst du nicht da? (Du warst doch da.)
> Sind Sie gern Minister in einer Regierung, die intern so zerstritten ist?

Warum beantwortest du eigentlich jede Frage mit einer Frage?

– Warum sollte ich das nicht?

Echt gemein?

George wird immer kleiner vor Müdigkeit: *So ist es eben, ich bin müde.*
Martha: *Du hast doch wirklich nichts getan. Du tust ja nie etwas. Du mischst dich nicht einmal unter die Leute. Du sitzt nur rum und redest.*
George: *Was soll ich tun, deiner Meinung nach? Soll ich mich aufführen wie du? Soll ich den ganzen Abend mit Stentorstimme blödsinniges Zeug quatschen?*
Martha (mit Stentorstimme): *Ich quatsche nicht!*
George versöhnlich: *Also gut . . . Du quatschst nicht.*
Martha verletzt: *Ich quatsche nicht!*
George: *Wenn du mir nur einmal vorher etwas sagen würdest. Du stellst mich immer vor fertige Tatsachen.*
Martha: *Ich stell dich nicht immer vor fertige Tatsachen.*
George: *Doch . . . doch, immer. Du stellst mich immer vor fertige Tatsachen!*
Martha freundlich, aber von oben herab: *Ach, George!*
George: *Immer!*
Martha: *Armer Georgie-Porgie, mag seinen Kuchen nicht!*
Nick: *Was Ihre genetischen Betrachtungen anbelangt . . .*
George: *Ach, lassen wir das.* Er beendigt das Thema mit einer Handbewegung.
Ein Stückchen aus dem Stück „Wer hat Angst vor Virginia Woolf?“ von Edward Albee. Entdecken Sie Techniken wie herabsetzen durch Infantilisieren, verdrehen, nachäffen, bestreiten, insistieren, generalisieren, abbrechen und Ähnliches? Schauen Sie sich das Stück ruhig mal an. Oder haben Sie schon draus gelernt? Hier quasi als Kurzkurs Albees Regieanweisungen.

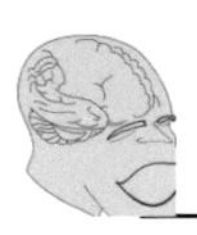

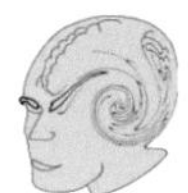

verzieht mürrisch das Gesicht
mit gespielter Unschuld
ironisch
unsicher
lachend
fassungslos
angewidert
nebenbei
sarkastisch
echohaft
gleichmütig
belustigt
empört
ungehemmt
verlegen
mit
ängstlich
flehend
mit geheuchelter Unschuld
argwöhnisch

frohlockend
laut
spitz
kopfschüttelnd
aufgebracht
gepresst
verdrossen
ungläubig
mitfühlend
grinsend
gekränkt
mit gespieltem Hochmut
argwöhnisch
leise
eisig
abwesend
schmollend
ratlos
ängstlich
ungeduldig
hysterisch
geduldig
gedankenlos
achselzuckend
erschrocken
herablassend
bestimmt
jammernd
flüsternd
unentschlossen

Ausgeplaudert

Da war der Bauer aus allen Nöten und zog mit seinem Weibe in das Dorf zurück. Dort gab er ihr den Kreuzdornstock zu schmecken, und das bekam ihr so gut, dass sie niemals wieder etwas ausgeplaudert hat. (Aus einer Schnurre aus Bauernmund)

Ja, was plaudert man schon aus? Geheimnisse natürlich. Zum Beispiel:

> Ich rege mich tierisch auf. Ich bin schwanger und habe es meiner Schwägerin im Vertrauen erzählt. Jetzt erfahr ich durch Zufall, dass unsere ganze Clique Bescheid weiß. Die hatte nichts Besseres zu tun und hat es überall rumerzählt. Sie hat uns die ganze Freude genommen.

Dieser Fall weckt unser tiefes Mitleid. Einfach so jemandem die Freude nehmen. Wusste sie noch nicht: „Ein Geheimnis hat die Kraft sich selbst in aller Munde zu bringen."

Häufig empfindet ein Partner das Ausplaudern intimer Dinge als Verrat. Die Plaudertasche mag es ganz anders sehen.

Warum machen Leute sowas? Vermutung im Blog: „Wer weiß, ob da nicht ein Fünkchen Neid hinter steckt?" Der Neid ist ein Joker, der gern verwendet wird, um schändliches Verhalten zu verstehen. Es könnte auch sein, dass der Mitwisser interessant ist und sich so empfindet, weil sie sowas weiß. Vielleicht sind viele ganz spitz auf Geheimnisse und danken es ihr.

Was im Normalfall ausgeplaudert wird, sind – wie gesagt – Geheimnisse. Geheimnisse sind irgendwie sadomaso. Sie sind dazu gemacht offenbart und verraten zu werden. Wie aber wird etwas zum Geheimnis?

Ganz einfach: Man macht es zum Geheimnis.

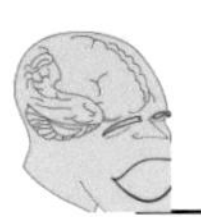

Nun aber, Geheimnisse, wozu braucht man die? Und wie sorgt man dafür, dass eins verraten wird? Auch einfach: Man deklariert es zum Geheimnis und erzählt es weiter. Warum macht man etwas zum Geheimnis und warum erzählt man es weiter?

- Man muss sich aussprechen und so erleichtern.
- Man braucht eine Beichtmutter.
- Man will sein Herz ausschütten.
- Man kann es nicht für sich behalten.
- Man macht sich interessant.

Wir erkennen, es tut wohl und gut, ein Geheimnis zu haben und ebenso es selbst auszuplaudern, pardon, das sagt man vom Geheimnisträger nicht.

Warum aber soll es dann nicht weiterzählt werden?

- Es ist peinlich.
- Es geht niemand was an.

Bis auf eine, Erwählte natürlich. Außerdem schafft es Gemeinsamkeit, wenn man gemeinsame Geheimnisse hat.

Familien etwa sind der Hort der Geheimnisse. Früh lernt man, was alles unter dem Deckel zu halten ist, sogar so früh, dass Kinder noch gar nicht wissen, was es ist, was sie da unter dem Deckel zu halten genötigt sind. Familiengeheimnisse sind aber auch Zeitbomben, sind Leichen im Keller.

Die magische Kraft des Geheimnisses ist der Grund, weshalb es eine Zumutung ist, jemanden zur Geheimhaltung zu verpflichten. Das tut man nicht. Man hat eben kein Recht dazu, wenn man es selbst ausgeplaudert hat.

Fazit: Bloß nicht Geheimnisse erzählen. Es sei denn man kennt den Adressaten – und möchte, dass es publik wird.

Im Übrigen, auch ausplaudern ist etwas doof. Man gibt etwas aus der Hand, was verbindet, was sich für Erpressung eignet.

Kann man eine Sprache kritisieren?

Eine eigenartige Frage. Trotzdem wurde sie schon öfter mit „ja" beantwortet. Sprachliche Entwicklungen wurden kritisiert oder gar Sprachstrukturen und Vorschläge gemacht zur Verbesserung, was ja wenigstens dem Klischee der konstruktiven Kritik entspricht.

Der Psychologe Wilhelm Kainz hat seinerzeit die Mängelliste zusammengestellt. Hier ist sie etwas deutscher formuliert.

Formen und Typen möglicher Sprachverführungen

1. Wortrealismus: Vermusselt Wörter und Sachen, Wort und Welt.

2. Unangemessene Zusammengriffe: Die sprachliche Einheit wird für sachliche Einheit und Homogenität des Benannten genommen.

3. Unangemessene Aufgliederungen: Hier wird die Vielzahl der Benennungen für die Gegliedertheit der Sache gesetzt.

4. Synonymik: Synonyme sind nie bedeutungsgleich. Werden sie als Äquivalent gesetzt, missleiten sie das Denken.

5. Homonymik (Polysemie): Ein Wort ist eine Einheit. Seine Bedeutung ist eine Vielfalt, auch ohne innere Grenzen.

6. Metaphorik: Ähnlichkeiten und Analogien können zu Ungenauigkeiten und Denkverführungen führen.

7. Idola fori: Idole des Marktes. Wortmünzen sind oft unkritisch und ohne Informationswert.

8. Das Sprachgitter: Ordnungen von Wörtern werden zu Gittern, die uns den angemessenen Blick auf die Wirklichkeit verstellen.

9. Nichtssagende Leerformeln

10. Verhüllungen und Euphemismen

Ja, aber was können wir da machen? Eine neue Sprache einführen? Eine ganz andrer Art? Davon haben wohl manche geträumt. Aber wer macht sie? Und wer führt sie ein und wie? Und vor allem, wer will sie? Das alles übersteigt meine Vorstellungskraft. Es bleibt nur: Aufpassen, wo so etwas auf uns zukommt und wo wir es selber machen.

Gottseidank gibt es so viele, die aufmerksam auf unsere Sprache kucken und uns auf Missstände aufmerksam machen.

In letzter Zeit hat der Tod des Genitivs viele bekümmert. Er soll vom Dativ gefressen werden. Ob das so schlimm wäre? Sicher ist aber, dass wir uns zu Lebzeiten nicht sorgen müssten. Die Konstruktion, die auf einem Feld des Genitivs wildert, ist *der Königin ihr Kind* – wie es im Rumpelstilzchen heißt, das ja mit den Brüdern Grimm nicht gerade von sprachlich Unbedarften aufgeschrieben wurde – statt *das Kind der Königin* oder gar *der Königin Kind*. Ich will hier nicht die vielen ärmlichen Sprachen aufzählen, die die inkriminierte Konstruktion kennen, aber doch eine kurze Charakteristik geben.

Der Dativ, um den es hier geht, wird auch possessiver Dativ genannt. Denn er drückt ein Besitzverhältnis aus, hier: das Kind gehört der Königin. Das ist wohl etwas brutal formuliert, wie Grammatiker eben sind. Aber sie haben auch ihre Mühe, die abstrakten Verhältnisse zu benennen. Besser ist da oft ein plastisches Fremdwort, das man mit Leben füllen kann. Der schlimme Dativ ist hier Ausdruck des inalienablen Besitzes: das Kind gehört unveräußerlich zur Königin.

Wenn man es so ansieht, erkennt man auch, dass damit Empathie ausgedrückt wird. Das kann der Genitiv nicht. (Darob muss man ihn nicht gleich fressen.) Inalienabel sind die eigenen Körperteile: *der Anja ihre Augen* und so Gefasstes: *dem Jan seine Frisur*.

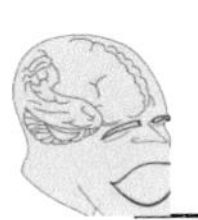

Man wird nicht befürchten müssen, dass die Konstruktion ihr Feld auswildert. Es gibt sie schon ewig und sie ist gleich geblieben. So kommen einem heute noch die Tränen, wenn man den althochdeutschen Pferdesegen liest:

Phol ende Uuodan vuorun zi holza.
du uuart demo Balderes volon sin vuoz birenkit.

Das berühmteste Buch auf diesem Feld ist von Gustav Wustmann über Sprachdummheiten, das seinerzeit Furore machte. Erschienen ist das Opus Ende des 19. Jahrhunderts und hat mehr als 13 Auflagen erlebt. Jetzt noch bekommt man es gebraucht mit Bemerkungen des Nutzers.

Wustmann klagt:

„Seit einigen Jahren sind uns plötzlich die Augen darüber aufgegangen, daß sich unsre Sprache in einem Zustande der Verwilderung befindet. Zwar einige wenige haben schon länger darum gewußt, haben auch warnend und mahnend ihre Stimme erhoben; in den letzten zwanzig Jahren ist eine ganze Reihe von Schriften erschienen, die [. . .] auf allerhand Mißstände in unsrer Sprache aufmerksam gemacht haben. [. . .] Im ganzen aber haben sie doch wenig genützt, das Übel ist mit jedem Jahre schlimmer geworden und macht reißende Fortschritte."

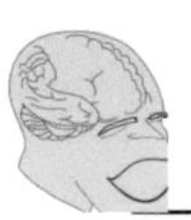

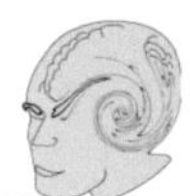

Das ist schon ergreifend.
Das ganze Buch war dann eine Vorführung solcher Missstände, im Detail versehen mit dem Appell an die Sprecher, dass sie nämlich aufpassen sollen, wenn sie Derartiges selber machen, aber auch wenn sie damit konfrontiert werden. Wer könnte etwas dagegen haben – wenn es vernünftig wäre?

Doch es wird noch ergreifender. Wustmann klagte schon 1903: „Mein Buch hat zwar großen äußeren Erfolg gehabt, aber doch eigentlich wenig genützt. [. . .] Fehler und Geschmacklosigkeiten, auf die ich vor zwölf Jahren als neu auftauchende hingewiesen habe, haben sich inzwischen festgesetzt und werden schwerlich zu beseitigen sein."

Ein Kampf gegen Windmühlen? Aber wieso?
Wenn wundert es, wenn Karl Kraus – ein großer Sprachkritiker – von Wustmann sagt: „Er macht sich wohl über allerhand Sprachdummheiten Gedanken, aber nicht ohne jene durch diese zu vermehren." Und noch pointierter: „Der Wustmann ist ein überaus gewissenhafter Grammatiker, der „Allerhand Sprachdummheiten" gesammelt hat, unter denen es ihm auch gelungen ist seine eigenen unterzubringen."

Kann man das so schreiben?
Das kann man sogar unterschreiben!

Wahrheiten über Männer von Frauen – in Kurzform

Wenn ich mit meinem Freund abends fernsehe und eine Frau oben ohne oder aufreizende Frauen wie die Katzenberger zu sehen sind, kommen von ihm immer Kommentare:
„Die würde mir auch gefallen."
„Mit der wäre ich auch gerne zusammen."
„Die finde ich aber hübsch."
Mir stinkt das inzwischen dermaßen! Wenn ich dagegen sage (hab ich mal probiert): „Der sieht aber toll aus.", dann regt er sich auf, wie hässlich der doch ist und dass er keine Muckis hat. Keiner sieht so gut aus wie er selbst!
Meine Frage: Machen das alle Männer, dass sie ihrer Freundin immer sagen müssen, wie hübsch sie andere Frauen finden? Und diejenigen, die es machen . . . Warum macht ihr das?

Frauen fragen sich schon mal, was in diesen Männerköpfen so vor sich geht. Und sie entwickeln ihre Thesen. Ganz auf der Basis der Stereotypisierung. Und Hellseherei?
Hier bitte einige Exempel dafür, was in Männern angeblich wirklich so vorgeht:

Nein, ich kann deine Gedanken nicht lesen. Ich habe keinen blassen Schimmer, was in deinem Kopf vorgeht.

Bitte sage mir, was du dir wünschst, und ich werde mich bemühen, es dir zu geben.

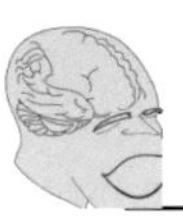

Aber: Wir Männer können Gedanken lesen und wir lesen sie. Wir möchten aber auch, dass unsere gelesen werden. Allerdings nur manche.

Wenn ich dir meine Gedanken nicht mitteile, dann deshalb, weil ich glaube, du kannst mir dabei momentan nicht helfen. Ich will die Dinge alleine bewerkstelligen – ich bin schließlich ein Mann.

Wes Geschlechts auch immer: Bemerken Sie die dramatischen Unterschiede?

Ich brauche oft Zeit für mich alleine – das ist meine Art, mit Problemen umzugehen. Ich löse meine Probleme normalerweise nicht, indem ich darüber rede.

Ich gebe dir sogar Recht, auch wenn du im Unrecht bist – meiner inneren Ruhe zuliebe.

Ich habe manchmal seltsame und sexuell eingefärbte Gedanken. Oft würdest du gar nicht wissen wollen, was ich so denke.

Im Übrigen, ein Traum wäre es, wenn Frauen auch sowas im Kopf herumginge.

Ja, das glaube ich! Leider werden die Geschlechter immer unähnlicher. Feminismus ist doch nur Sexismus. Transvestiert?

Sexus – Schreckschuss!

Oder was mir so durch den Kopf geschossen ist bei der Lektüre eines Artikels zweier – ich zögere, ich kann es nicht gerecht sagen – Linguisten. Also eine Frau und ein Mann. Oder umgekehrt. Hier also das Meine gerade.

Es ist erstaunlich: Da gibt es seit einem Vierteljahrhundert Regelungen und Verordnungen von Bund und Ländern zur geschlechtergerechten Verwendung der deutschen Sprache, erlassen von Parlamenten und Regierungen – und immer wieder aufs Neue erhebt sich ein vermeintlicher Volksprotest gegen diese angeblich „von oben" verordnete „Verunstaltung" des Deutschen.

Woher „vermeintlich" und „angeblich"? Zu letzterem: Sie sagen es im Satz doch selbst. Oder ist das Erlassen nicht von oben?

Sicherlich hat auch der Einzug der AfD in den Deutschen Bundestag zur Konjunktur dieses Themas beigetragen.

Ja klar! Zu der Sorte gehören die. Und auch ich?

Unabhängig von diesen populistischen Angriffen wird allerdings auch aus der Sprachwissenschaft Kritik am Gendern geäußert. Dabei geht es im Wesentlichen um zwei Punkte: Genus hat, erstens, nichts mit Sexus zu tun, also das grammatische nichts mit dem biologischen Geschlecht. Zweitens beziehen sich Personenbezeichnungen im Maskulinum nicht nur auf Männer, sondern auf beide Geschlechter gleichermaßen. Dies nennt man das „generische" Maskulinum.

Schnee von vorvorgestern. Und wer hat denn je so globalen Quatsch behauptet? Personenbezeichnungen im Maskulinum! Auf beide Geschlechter beziehen sich vor allem sexusmarkierte wie „Mann", „Junge", „Onkel", natürlich „Vampir" und „Teufel". Ja, und dann sollten wir unbedingt noch die Tierwelt in Ordnung bringen: *der Hund* und *die Katze*. Was soll das? Bei den Bienen könnte es ok sein, aber die Fliegen und all die Stechmücken. Alles Weibchen? Echt diskriminierend.

Dass etwas mit der „Genus ist nicht Sexus"-These nicht stimmen kann, sieht man schon daran, dass das Genus in bestimmten Fällen das einzige Mittel ist, das natürliche Geschlecht zu bezeichnen.

Was hat es zu sagen, wenn man so eine globale These mit Gegenbeispielen widerlegt?
Dieses Argumentationsmuster hat bestimmt einen Namen.

Substantivierte Adjektive werden allein durch das Genus auf Männer oder Frauen bezogen.

Sagt die Beamtin. Aber es stimmt nicht!

Grundlegend ist die Erkenntnis, dass Personenbezeichnungen wie Terrorist, Spion, Physiker, Lehrer, Erzieher, Florist oder Kosmetiker ein sogenanntes soziales Geschlecht aufweisen, das unterschiedlich stark ausgeprägt sein kann. Es leitet sich aus dem realen Geschlechteranteil ab und aus Stereotypen, die man der jeweiligen Personengruppe zuschreibt.

Ja, auch die Mörder – wenigstens, bis klar ist, wer es war. Schön, dass jetzt die verunglimpften Männer in Schutz genommen werden. (Obwohl das natürlich im Sinne der Tendenz nicht gesagt wird.)

Genus verweist nicht nur auf Sexus, es leistet noch viel mehr: Es verweist auf soziale Erwartungen an die Geschlechter (Gender) und damit auf Geschlecht im umfassenden Sinn.

Ui. Das darf nicht sein. Das wär ja viel zu realistisch.

Forschungsergebnisse zeigen, dass Sprache die Wahrnehmung von Menschen zwar nicht festlegt, aber doch lenkt.

Claro! Ab jetzt lenken wir!

Es ist darüber hinaus geradezu eine demokratische Pflicht, die Entfaltung von Chancengleichheit und -gerechtigkeit nicht schon durch die Ablehnung geeigneter sprachlicher Mittel zu behindern.

Im ganzen Grundgesetz ist von *-pflicht-* nur im Bezug auf den Staat und die staatlichen Organe die Rede. Die einzige Verwendung für den einzelnen Bürger betrifft die Wehrpflicht – und Ironie des Schicksals: die Männer.

Und dann werd ich schon wieder in die Pflicht genommen!

Es ist die Pflicht der Linguistik, in der Debatte um die geschlechtergerechte Sprache darauf zu verweisen, dass eben dieses generische Maskulinum genauso eine Idealisierung darstellt wie die „Genus ist nicht Sexus"-These – beides hat mit der Sprachrealität wenig zu tun.

So ist es. Aber auf jeden Fall beeinträchtigt das Ganze meine Ehe jetzt total, weil meine Frau auf keinen Fall mit einem verheiratet sein will, der seinen demokratischen (nicht den ehelichen) Pflichten nicht nachkommt.
Etwas ernster: Auf diese Pflicht muss man erst mal kommen. Das wesentliche demokratische Prinzip ist die Freiheit der Rede. Wissen die beiden das nicht?

Jeder hat das Recht,

seine Meinung in Wort,

Schrift und Bild frei zu äußern

Nix Pflicht!

Können Wörter lügen?

Zwei junge Studentinnen in der Mensa:
A: Warum bist du so verheult?
B: . . . weil mein Freund gestern mit mir Schluss gemacht hat.
A: Waaas? Warum das denn?
B: Weil ich meinen Ex-Freund gegruschelt hab.
A: Kraaaaasssss! Wie hat er das denn rausgekriegt?
B: Er hat ne SMS entdeckt.
A: Booaah! Das kannste aber auch nicht bringen!

Ich weiß nicht, was das ist, das Gegruschtel. Auf jeden Fall würde ich es auch nicht sagen. Im Alltag ist es ganz normal, dass wir gewisse Ausdrücke und Ausdrucksweisen meiden. Öffentlich scheinen Hüllwörter – hier heißen sie öfter Euphemismen = Wohlklinger – auch an der Tagesordnung. Sprachkritiker haben sie immer wieder aufgespießt. Alte Hüte sind:

freistellen für entlassen, Endlösung und Sonderbehandlung bei den Nazis.

Oder die Kette

Putzfrau > Dienstmädchen > Zugehfrau >Hausassistentin.

Ja und auch hier eine bunte Palette:

Biesi, Brunzerl, Brötchen, Feige, Girlitz, Klemme, Liebesgrotte, Marille, Mizzi, Muschi, Pflaume, Pussi, Scham.

Je mehr verhüllt, desto mehr gibt es zu enthüllen. Eine Lust?

Ein alter Hut ist auch *Minuswachstum*, mit dem angeblich Schrumpfung als Wachstum ausgegeben werden solle. Neuere Bedeckungen können wir auch in Euphemismen als Anreiz oder Lockmittel sehen, wie etwa wenn Alexa in die Cloud geht.

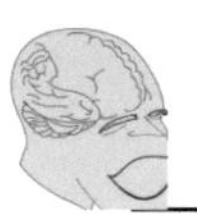

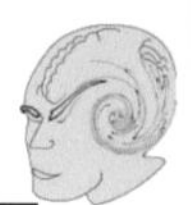

Was aber ist daran so schlimm? Wenn alle Beteiligten verstehen und wissen, wovon die Rede ist, dann dürfte es doch passen. Nützlich könnte es sein, Euphemismen aufzuspießen, weil es ein paar Blöde geben wird, die sie falsch verstehen. Vielleicht hoffen die Verhüller auch auf die.

Aber die öffentlichen Verwender beschönigen wirklich. In der asymmetrischen Kommunikation nehmen sie sich heraus, die Welt durch ihre verhüllende Brille darzustellen. Ein bisschen tun wir das alle, aber wir haben nicht die Macht, es weiter durchzusetzen.

Eine ganz andere Sache ist, wenn etablierte Bezeichnungen aus dem Verkehr gezogen werden sollen, etwa weil sie als Verhüllungen erkannt wurden. Glauben Sie, dass ich mich als Nazi zu erkennen gebe, wenn ich von der Reichskristallnacht rede?

Wer dieses Wort verbannt, ist er nicht ein bisschen von der gleichen Sorte wie die öffentlichen Verhüller? Nimmt er in Kauf, dass Vergangenheit verwischt wird? Oder meint er, auch ich solle mich ständig distanzieren?

Die Grundidee des Euphemismus ist, dass es sich um einen Ausdruck handelt, der den eigentlichen ersetzt, dass die Sache sich eigentlich anders verhält, als dargestellt. Nur wissen wir oft nicht, was eigentlich gespielt wurde:

> Mag sein, dass Assange einer Frau zu nahe getreten ist. Darüber mögen Richter entscheiden.

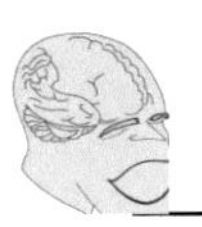

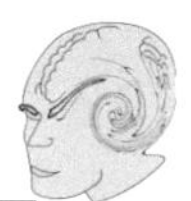

Ein bisschen klarer wird es schon hier:

> . . . dass er Schülern und Schülerinnen durch unsittliche Berührungen eindeutig zu nahe getreten ist.
>
> Ist ihnen denn schon einmal jemand zu nahe getreten? – Ja, einmal hat ein Mann vor meinen Augen die Hose runtergelassen, sagt Tina.

Mir gegenüber ginge das „Zu-nahe-treten" allerdings ziemlich anders, in der Regel übertragen. Auch nicht schön!
Wenn nun allerdings, davon die Rede ist, Priester hätten Kinder missbraucht, so denke ich, dass wir verschont werden sollen mit dem Eigentlichen.
Nach dem Eigentlichkeitskriterium wären die folgenden gar keine Euphemismen. Ihre Schöpfer nehmen ja wohl an, dass ihre Ausdrucksweise adäquater sei. Das zeigt natürlich schön, dass es das Eigentliche nicht gibt.

Euphemismen als Vermeidung

der oder die Behinderte → Mensch mit Behinderung
geistig behindert → Mensch mit Lernschwierigkeiten oder kognitiv beeinträchtigt
Handicap, gehandicapt → Behinderung, behindert
Pflegefall → Mensch mit Assistenzbedarf
hörgeschädigt → hörbehindert
sehgeschädigt → sehbeeinträchtigt
Zwerg, Liliputaner → kleinwüchsiger Mensch

Sorry, dazu darf ich wohl nichts Kritisches schreiben. Ich frage mich aber, wem es helfen würde?

Bemerkenswert ist diese Meinung, die Einiges historisch umdreht und auch logisch:

> In Deutschland wird der Ausdruck „Menschen mit Handicap" oft rein euphemistisch gebraucht, als Ersatz für Menschen mit Behinderung. Bei Nutzung des Wortes kann die Gefahr bestehen, dass das soziale Modell der Behinderung außer Acht gelassen wird. Dieses besagt, eine Person ist nicht nur behindert, sondern wird auch durch die Umwelt behindert (durch Vorurteile, Stufen, fehlende Untertitel usw.).

Um das Ganze etwas lustiger zu lassen, habe ich erst mal keine Anführungszeichen eingefügt und die Idee in ihrer Brutalität belassen: Menschen mit Behinderung sollen also durch einen Ausdruck ersetzt werden. Wirklich unmenschlich.

Schöner ist die Wortspielerei, dass wir Normalen (ja, wer ist schon normal?) es nun sind mit unseren Treppen, die diese Menschen zu Behinderten machen.
Ich glaube, damit erweist man ihnen keinen Dienst – wenn das Gesumms denn irgendwer ernst nähme.

Auf ein Wort

Am Anfang war das Wort. Der Bibelspruch ist ausgelutscht. Wenn schon, dann war am Anfang der Satz. Oder besser noch mit Goethe: Am Anfang war die Tat. Denn Kommunizieren ist Tun.

Wort und Satz. Diese beiden machen für Sprecher die Sprache aus. Und weil natürlich alle die Sprache verwenden, können sie auch mitreden über die Sprache. Alle Sprecher kennen irgendwie die Bedeutung der Wörter, brauchen sie zum Verstehen. Und dennoch: Verwenden alle die Wörter gleich? Verstehen alle gleich tief? Eher nicht – werden Sie sagen.

Allerdings Vorsicht! Einen Standard gibt es hier nicht, auch wenn die Wörterbücher so tun. Oder die Nutzer gern hätten, dass Ihnen das geliefert wird.

Was Sprecher so mit Wörtern verbinden, können Sie hier sehen, wenn ihnen die verquere Frage gestellt wird, welches denn das schönste deutsche Wort sei.

Im Jahr 2004 wurde *Habseligkeiten* zum schönsten deutschen Wort gekürt. Zwar war die Mehrheit der Mitspieler nicht hierfür, aber die Experten haben dann dieses aus der Schüssel gehoben. Die Experten für das schönste deutsche Wort! Was es alles gibt.

Wieso kann ein Wort schön sein? Es könnte schön klingen. Das wurde hier hoffentlich nicht angenommen. Es könnte eine tiefere Bedeutung haben. Ja, das wurde hier offenbar als Kriterium gewählt. Zugleich ging es darum, die schönste Erklärung zu küren. So schreibt die Gewinnerin (Doris Kalka) in ihrem Essay ganz schön.

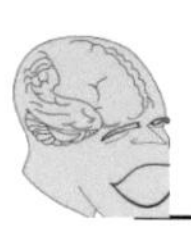

> Vielfältig und wie zufällig muss die Ansammlung von auf den ersten Blick wertlosen Gegenständen sein, um das Prädikat der Habseligkeiten zu verdienen. Dabei muss sie aber zugleich für ihren Besitzer einen Wert darstellen, der sich aus seinem individuellen seelischen Erleben ergibt und für Außenstehende nicht leicht erkennbar ist. Lexikalisch gesehen verbindet das Wort zwei Bereiche unseres Lebens, die entgegengesetzter nicht sein könnten: das höchst weltliche Haben, d.h. den irdischen Besitz, und das höchste und im irdischen Leben unerreichbare Ziel des menschlichen Glücksstrebens: die Seligkeit. Diese Spannung ist es, die uns dazu bringt, dem Besitzer der Habseligkeiten positive Gefühle entgegenzubringen . . .

Das ist persönlich und bringt individuelle Assoziationen ins Spiel. Assoziationen können wir auch genereller ermitteln, sozusagen intersubjektiv. Hier ein Assoziationsbild.

Dann sieht das Ganze doch anders aus: Habseligkeiten werden oft mit *wenig* und *den letzten* verbunden und man muss sie so oft packen und zurücklassen, darf nur wenige mit auf die Flucht nehmen. Das Wort lebt im Zusammenhang von Flucht und Vertreibung. Das kann man schön finden, wenn man sich im Mitleid mit den Betroffenen gut fühlt.

Wörter haben aber auch ihre Vergangenheit. Gehen wir mal davon aus, dass wirklich *Seligkeit* und damit *Seele* in dem Wort steckt. Was wäre das dann für eine armselige Seligkeit, die im Haben bestünde? Aber *Seele* steckt auch nicht drin. Vielmehr ein eher nichtssagender Bestandteil, wie wir ihn noch in *Schicksal* und *Trübsal* haben, er wurde durch das angehängte *-igkeit* umgelautet.

Gestatten Sie mir ein kleines Zwischenspiel zu dem, was wir gemeinsam so in Wörter stecken, wir das Volk in Volksetymologien. Die Seele – um anzuschließen – haben wir auch anderen Wörtern eingehaucht: *armselig*, auch nicht schlecht, wenn Arme wenigstens selig sind. Und Mühe sowieso.

Wenn Sie nicht so recht Bock haben, hilft vielleicht ein Bockbier (igitt!) und dazu eine Bockwurst. Alles vom Öko-Bock. Sollte die Wurst ein bisschen laff sein, etwas Meerrettich dazu? Wie bitte? Wo kommt der her, aus dem Meer? Vielleicht können Sie englisch. Das heißt er horse raddish. Nicht weil er vom Pferd stammt, sondern für Pferde gedacht war. Und das war im Deutschen genauso. Sie müssen nur noch ein seltenes Wort kennen für einen alten Gaul: die Mähre. Und dann arbeitet unser Sinnsinn. Er arbeitet sogar, wenn eine Art Unsinn rauskommt. Vielleicht, damit wir das Wort besser behalten oder schreiben können. Um Sinn sind wir nie verlegen. Wenn es keinen hat, machen wir uns eben einen.

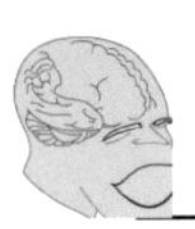

Wie kann man mit Hals- und Beinbruch jemandem Glück wünschen? Das schert uns nicht. Wir haben es vertraut gemacht aus dem Jiddischen *hazloche* + *broche* = Glück und Segen. Und unter aller Sau bleibt wörtlich gleich rätselhaft. Auch hier wurde ein jiddisches Wort integriert: *ssea* = Maß.

Wenn wir nicht wissen, was Pfoten sind, dann denken wir, der Pfotenhauer sei ein Lehrer alter Garde.

Hier noch ein paar Volkskalauer:

So ein Abenteuer kann teuer werden.
Im Alptraum ist alles traumatisch.
Mein Eid ein Meineid?

So legen wir uns die Welt zurecht.

Ein Wort kann seine Vergangenheit auch hinter sich bringen. Da wäre es dann nicht so nett, sie vorzuführen und wieder aufzurühren. Oder doch?

Die Reichskristallnacht. Sie wissen, was Fürchterliches da geschah? Nein! Getan wurde. Also, was tun? Zudecken und ausdeuten mit Progromnacht (von denen es so viele gab wie die Bartholomäusnacht, um nur eine zu nennen)? Oder erinnern und warnen mit Reichskristallnacht?

Aber einem Wort mag wirklich auch ein Zauber innewohnen. So sahen es die Menschen seit eh und je. Der wichtigste ist natürlich der Liebeszauber. „Victoria, quam peperit Oma, solum me in mente habeat." = Möge Victoria, Tochter der Oma, nur mich im Kopf haben.

Schon Plinius im 1. Jh. n.Chr. erkannte, dass die Menschen im Allgemeinen zu jeder Stunde an den Zauber des Wortes glauben, auch ohne irgendwelchen Einfluss zu spüren.

ÖMMM – Öfter mal müssen müssen

Die Verben *müssen, sollen, wollen* und *dürfen* sind etwas ganz Besonderes. Sie bilden eine eigene Klasse. Linguistisch: Modalverben. Das fängt schon damit an, dass sie ihre ganz eigene Beugung (linguistisch: Flexion) haben. So hat zum Beispiel die erste Person keine eigene Endung: *ich muss#*. Das ist weder bei den regelmäßigen so: *ich mach-e*. Noch bei den unregelmäßigen: *ich geh-e*. Die Modalverben machen das so wie andere Verben im Präteritum: ich ging#. Und das hat seinen guten Grund: Die Gegenwartsformen von heute sind Vergangenheitsformen von gestern. Wie das? Was soll das?

Es gibt ein weiteres Verb, das sich so verhält: *wissen*. Wenn man heutzutage sagt: „Ich weiß", dann hätte man damit in Urzeiten gesagt: „Ich habe gesehen". Das wird auch heute noch allgemein so gesehen, wenngleich schon Goethe wusste:

> Ich weiß, was ich sehe. – Ich sehe, was ich weiß.

Sollen hat in dieser Hinsicht mit *schulden* zu tun. Ich habe mich bei dir verschuldet, also soll ich . . .

Müssen hinwiederum könnte was mit *muote* zu tun haben. Dieses alte Wort ist zwar nicht direkt der Mut, aber lebt noch in dem, wie es dir zu Mute ist. So könnte das Gemusste sein, was dir zugemutet wird oder was du dir selbst zumutest. Nein, das wäre eine plausible Volksetymologie. *müssen* hat mit *messen* zu tun. Du musst, was dir zugemessen wurde.

Dies alles geht schon etwas tiefer, bleibt aber doch noch an der Oberfläche. Die Modalverben sind keine Allerweltswörter wie *Auto* oder *Sahne*. Bei denen weiß man, wovon die Rede ist, man kann in die Welt schauen und sehen, was ihnen entspricht. Modalverben sind Moralverben. Sie bestimmen unsere Moral und unser Zusammenleben.

Das fängt schon mit der Bibel an:

- Du sollst nicht morden.

Früher auch ein bisschen besser und schärfer:

- Du sollst nicht töten.

Und dann auch wieder in moderner schräger Formulierung:

- Du sollst nicht die Ehe brechen.
- Du sollst nicht stehlen.
- Du sollst nicht falsch gegen deinen Nächsten aussagen.

Modalverben kann man sich auch zunutze machen. Mein erster Mann hatte zum Beispiel die Angewohnheit, zu allem, was er tun wollte, ein *muss* hinzuzutun. Also nicht: „Ich will nachher noch was einkaufen", sondern „Ich muss noch was einkaufen". Und natürlich: „Wir müssen ein neues Auto kaufen." Das gibt der Sache den gehörigen Nachdruck. Auf der anderen Seite kann man so aber auch als ein Getriebener erscheinen und sich am Ende als ein solcher fühlen. Dazu habe ich auch bei Therapeuten gelesen, man solle für sich selbst und zu sich selbst auch nicht sagen: Ich muss, sondern: Ich will. Allerdings muss ich gestehen: Da habe ich schon meine Zweifel. Denken Sie mal statt „Ich muss meine Miete zahlen" vielleicht „Ich will meine Miete zahlen". Ist das ok? Und tut das gut? Sich selbst beschummeln bringt keine Heilung.

Noch etwas Nachdenkliches für den Mann. Und für die Frau. Denken Sie nach, für wen es am besten passt. Was ist besser?

Immer wollen und nicht können.
Immer können und nicht wollen.
Immer können und nicht dürfen.
Immer sollen und nie wollen.

Falsche Freunde

Mein Bruder hat sich ewig gefreut: Einmal in Rom! All die antiken Monumente. Und dann das Spirituelle. Er hat dafür sogar in der VHS Italienisch angefangen.
Jetzt liegt er in Rom mit Verbrühungen in der Klinik. Gleich nach der Ankunft ist er zur Abkühlung unter die Dusche gesprungen und hat den „caldo"-Hahn voll aufgedreht.

Ja, da ist so ein falscher Freund im Spiel. Von ihm lernt man mit Schmerzen – aber nachhaltig?
Was mit dem passiert ist, der mit dem brennenden Streichholz ins Fässchen mit der Aufschrift „Inflammable" hineinleuchtete, kann man sich vorstellen. Er meint wohl nicht mehr, die Aufschrift bedeute „unbrennbar".
Ein gewisser Herr Öttinger im Steakhouse „Bullshit" in Chicago:

> May I take your order Sir?
> Yes, can I become a tenderloin steak?
> Oh, please not here.

Ja, und das hier ist wirklich verständlich. Oder verstehbar?

> We proudly present our little George.
> Welcome party in Jokehouse #3 on Apr. 1st, 19.00 a.m.
> No gift please!

Aber schon viel näher mag mancher in die Irre gehen wie im Kölner Karneval, wenn ein lecker Mädche aufkreuzt und er findet sie zum Anknabbern. Sie wissen natürlich, dass „lecker" ganz wie im Holländischen einfach hübsch heißt.

Kommen wir zurück zum Italienischen.
Es gibt nicht nur falsche Freunde, die Sie im Lexikon finden können. Wichtig kann auch werden, was in einem Wort so mitschwingt, welche Assoziationen geweckt werden.
Alle Gemüse sind in Italien riskant und mit Sex verbunden. Das meiste werden Sie sich denken können:

La patata.
Le marroni.
La pisella = Erbse.
Meloni.

Und wenn schon Gemüse, dann auch gleich das Obst:
fica = die Feige. Das schon fast weltweit.
Und natürlich alles längliche: banana, carotta und so weiter.

Was denken Sie, wenn Italiener nach dem Konzert der Pianistin „Brava" rufen? Oder meinen Sie, die Italienerin, die einen uomo bravo möchte, er müsste brav sein?

Jalousie oder Eifersucht?
Visage oder Gesicht?
Bemerkt die junge Französin altklug:
Die Jalousie hat schon viele Ehen zerstört.
Da können Sie sich Gedanken machen. War es, weil die Jalousie zu oft zu oder zu oft auf war?

Kommen wir ins Lachen, wenn Aufgaben für uns unlöslich sind oder das Kind eine süße Visage hat.

So was Ähnliches wie falsche Freunde kennen wir schon innerhalb des Deutschen.

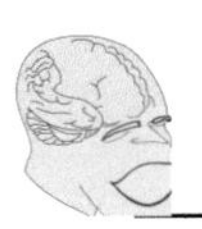

Man ist oft nahe dran – und doch daneben. Und man fragt sich: War das ernst gemeint?

Die Haut von kleinen Kindern ist sehr empfindsam.

Die Kleidung, die er zu diesem Anlass trug, passte farbig überhaupt nicht zusammen.

Warum mischst du dich dauernd in seine geschäftigen Angelegenheiten?

Mit der Annonce suchte sie einen muskellosen Mann.

Und weiter:

empfindlich oder empfindsam?
erschreckt oder erschrocken?
formal oder formell?
geschäftig oder geschäftlich?
kindlich oder kindisch?
lösbar oder löslich?
scheinbar oder anscheinend?
trotzdem oder obwohl?
täglich oder -tägig?

Wenn Sie bei Windows immer wieder lesen, der Computer werde jetzt heruntergefahren. Zu mir?
Dann doch lieber hinunter mit dir!

Einstellungen
Explorer
Suchen
Ausführen
Herunterfahren oder abmelden >

Abmelden
Energie sparen
Herunterfahren
Neu starten

Sowas sagt man nicht!

Ich mache Experimente mit nicht gewaschener [...].
Wenn ich mit meiner Hand einen [...] [...], achte ich darauf, dass etwas [...] an meinen Händen bleibt als Andenken an den guten [...]. Nach langem Schmecken schlucke ich es runter.
Manche mögen es, wenn die [...] beim [...] etwas [...] ans Tageslicht befördert, der Geruch von [...] macht ja geil. Es riecht bei solchem [...] auch alles im Raum nach meinem Inneren.
Früher galt es als ekelhaft für einen Mann, eine Frau zu [...], die [...].
Meine Lieblingsstellung = Doggystellung, also auf allen vieren, Gesicht nach unten, er von hinten kommend Zunge in die [...], Nase in den [...].

Eine Kotsprobe aus Feuchtgebieten.
Wieso kann man mit sowas so viel Auflage und Kohle machen? Von Kind auf wurden wir mit böser Miene darauf hingewiesen: Sowas sagt man nicht! Tabus und Tabuwörter kennen alle, man sagt sie aber nicht. Sie werden so aufgeladen, dass ihr Aussprechen zur Befreiung werden kann.
Wie wird ein Wort zum Tabuwort? Als eine Quelle wird oft Religion angesehen. Etwas erweitert könnte es aber auch mit magischen Riten zu tun haben. Es wäre so die Idee: Wird der Teufel genennt, kommt er gerennt. Auch das ist etwas kurz gegriffen.
Der Tabubereich wird gesellschaftlich etabliert. Die Bereiche und ihre Füllung sind plastisch. Sie verändern sich im Lauf der Zeit. Verstöße sind unterschiedlich schlimm und werden unterschiedlich geahndet. Auch die Zeiten ändern sich. Sieh oben.

Tabuisiertes wird oft indirekt benannt. Man braucht eine Idee, um es zu verstehen.
Kennen Sie das missing link hier? Und die Lösung? Natürlich!

- abberufen werden – einschlafen – entschlafen – abtreten – die Erde verlassen – für immer Abschied nehmen
- Amüsierbetrieb – Bienenkorb – Eros-Center
- den Fünf-Finger-Tango abziehen – lange Finger machen – lange Finger haben
- ein bisschen zu viel haben – einen Affen haben – einen am Helm haben – einen im Tee haben – einen in der Hacke haben – einen sitzen haben
- etwas vorgerückt sein – Senioren – etwas weise
- Gepäck – runde Sache – großes Herz – Nuckelpulle – Oberbau – Zitterpudding – wohlgefüllte Bluse – steiles Vorgebirge – stramme Weste
- Bastelwiese – Empfangslager – Familienwerkstatt

Der Euphemismus ist der große Bruder des Tabuwortes. In diesen Beispielen ist aber nicht nur an Verhüllung gedacht, sondern auch an Witz. Wo und wie das aufgeht, ist eine andere Frage. Hinter Tabuisierung kann man auch Unterdrückung und Diskriminierung wittern. Auch Affektabfuhr.
Ich geniere mich natürlich und hab bei unserer Bestseller-Autorin geklammert. Sie können vielleicht auffüllen? Na, sehen Sie? Ich schaff nicht mehr alle.
Was aber will die Tabubrecherin? Vielleicht hat sie aufklärerische Motive. Oder? Ja und was wollen die Leser?
„Schamlosigkeit ist das erste Anzeichen von Schwachsinn."
(Sigmund Freud)

Wieso werden manche Wörter nicht verwendet?

Es gibt sie aber doch! Dass sie nicht verwendet würden, täuscht natürlich. Denn wenn es sie gibt, dann müssen sie zumindest verwendet worden sein. Irgendwo und irgendwann. Es gehört zu ihrem Gebrauch dazu, dass man sie nicht äußern soll, höchstens in gewissen Zusammenhängen und zu bestimmten Zwecken.

So ein Tabuwort war wohl mal *Scheiße*. Heute zwar in aller Munde, aber einen Geruch hat es immer noch. Gewöhnlich ist der spontane, hoch emotionale Ausruf „Ach, Scheiße!" oder „Verdammte Scheiße!" Da kann man verstehen, dass einem das dann rausrutscht (und von daher auch die vielen Ausrufezeichen bei dieser Verwendung). Man kann aber auch welche bauen oder reingeritten werden. Und erst viel ferner liegen Wörter wie *stinken* und andere ordinäre Wörter wie *Arsch* und *Kacke*.

Auch wenn die Tabuisierung des Wortes für den emotionalen Gebrauch wichtig ist, findet sich die eigentliche Stärke des Wortes aber nicht hier. Es ist vielmehr die Wandlung, die es durch seine Attraktivität erfahren hat, die es noch attraktiver und zum Allerweltswort gemacht hat. Zuerst war da die Kürzung und der Genuswandel: „So ein Scheiß!" Das war nun schon rein übertragen und war nahe bei *Quatsch, Blödsinn, Schmarrn, Geschwätz* und *Unsinn*. Da konnte man dann Scheiß labern. Ein weiterer Karriereschritt bestand im Eingehen von Verbindungen. In Komposita mit *Scheiß-* als Erstglied früh schon die Scheißbullen und Scheißausländer, aber auch Scheißdeutsche.

Von da übertragen: *Scheiß-HSV, Scheißauto, Scheißfrauenthemen, Scheißfrisur, Scheißgefühl*. Alles schön emotional. Dann auch mit Adjektiven kombiniert: *scheißegal, scheißblöd, scheißruhig*. Wörter, die solcher Art Steigerung leisten, haben die besten Chancen, sich durchzusetzen.

Dann aber wurde das Wort zum Chamäleon. Klassisch grammatisch kann man noch verstehen, wenn eine Mannschaft Scheiße spielt, eben ein Akkusativobjekt. Was aber, wenn etwas Scheiße gelaufen ist?

Schreibt man es dann überhaupt groß? Ist es plötzlich ein Adverb? Und dann weiter: eine scheiß Website oder auch eine scheiße Website. Ist es nun ein Adjektiv. Nicht nur Grammatiker, auch Sprecher haben hier ihre Schwierigkeiten. Sollen sie (natürlich nicht Sie) es groß oder klein schreiben?

Tabuisierung bleibt nicht bei Wörtern stehen. Sie deckt ganze Bereiche. Und vor allem soll sie normativ genutzt werden. Ein Beispiel ist das Verdikt:

> Über X ist eigentlich alles gesagt.

Es ist aber auch Vieles gesagt, was besser nicht gesagt worden wäre. Darin wird ein ziemlich normativer Standpunkt sichtbar.

Gibt mir, was besser nicht gesagt worden wäre, Anlass, es zu widerlegen, es zu verbessern, es zu sagen? Das würde die Geschichte am Laufen halten. Aber zu Ende ist die Geschichte nie. Ja, eigentlich gehört die ganze Geschichte dazu. Nur in ihr wird man verstehen, was ein X ist.

Diese Übertreibung mahnt auch zur Bescheidenheit. Aber Sie wissen, es gibt keinen inneren Grund, ein Wort zu verwenden, wie auch es nicht zu verwenden. Es zählt einzig und allein, was zu sagen ist.

Wie finde ich einen Partner?

Und vor allem, welchen und wofür?

> Oldtimer, Baujahr 45, Sportmodell, solide gelaufen, jedoch einige kleine Kratzer im Lack, zweifelsfrei Liebhaberstück für humorvollen Fahrer (ab 176 cm)

Darf ich bitte – entgegen meiner Gewohnheit? – zum sprachlichen Hintergrund derartiger Texte? Sie triefen vor Metaphern – genau wie dieser Satz. Unser Sprechen ist voll metaphorischer Rede. Viele sind voll etabliert und sie verstehen Routine. Obwohl, da kann auch mal wieder was aufbrechen (Hui, schon wieder!) Auf jeden Fall kann in metaphorischer Rede manches drinstecken. Zuerst einmal: Man muss Ähnlichkeiten sehen zwischen dem wörtlichen Eigentlichen und dem Metaphorischen, dem wirklichen Eigentlichen.

Zitate sind Eis für jede Stimmung. (Christian Morgenstern)

Hier ist jedenfalls ein Wort uneigentlich oder nicht wörtlich verwendet. Die wörtliche Verwendungsweise eines Ausdrucks sei festgehalten im Wörterbuch. Da steht unter „Eis" sowohl so etwas wie gefrorenes Wasser wie auch Glätte und sich auf dünnem Eis bewegen und einiges mehr. Wörterbuchmacher konzentrieren sich auf das Wörtliche, wissen, wie es zu eruieren ist. Das ist auch sinnvoll, denn das Metaphorische ist offene Wildnis.

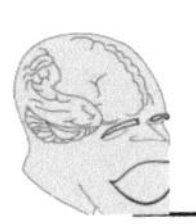

Genügen uns nun für die metaphorische Deutung Merkmale der lexikalischen Bedeutung, wie sie im Lexikon steht? Das wäre recht karg. Mit gefroren kommen wir etwas weiter, aber mit Wasser? Wohin könnte Sie das führen?

Ausgetretene Wege oder Deutungsmodelle sind:

- „Geld ist Flüssigkeit". Nach dem Flüssigkeitsmodell sind dann Aussagen gestrickt wie
  Nun müssen erhebliche Geldmittel fließen.
  Die Quellen der Mafia sollen verstopft werden.
- „Der Mensch ist ein Container", nach dem wir Menschen voller Hoffnung, voller Zuversicht und Optimismus sein können, auch voller Ideen und Tatendrang, voller Saft, Kraft und Energie, voller Witz und Ironie.
- „Das Leben ist ein Kampf". Danach wird mancherlei als Kampf gefasst, vor allem Diskussionen. Das leitet vielleicht in die Irre. Es scheint, als gebe es im Kampf schon mal einen Sieger. Diskussion mag auch für Verständigung dienlich sein.

Das metaphorische Verständnis bleibt offen, ist nicht fix. Eine Paraphrase wäre bestenfalls eine Krücke. Warum würde sonst ein Sprecher die metaphorische Redeweise wählen, sie dem Partner zumuten? Er will etwas anderes zu verstehen geben. Darum interpretieren wir Metaphern auch auf anderen Wegen.

Zum Beispiel die Frage: Was fällt Ihnen ein bei Oldtimer? Was würde davon auf Menschen passen? Man würde vielleicht erst mal an einen Mann denken. Aber dann der maskuline Fahrer? Ok, Sie entscheiden. Sportmodell scheint in diesem Fall leicht übertragbar. Die kleinen Kratzer übertragen wir auch leicht auf Menschen – äußerlich oder innerlich, bleibt offen. Und dann, beim Auto liegt der Fahrer so nah.

Aber in welche Region soll hier gefahren werden?

Gebraucht aber noch gut erhalten, M, 46, 1,70. Jeder Zentimeter Zärtlichkeit, Kreativität und Poesie. Sucht F mit Spaß an Rockmusik, Kunst, Kultur, Zweisamkeit

Hier klingt die Autometapher wieder an. Aber warum? Weiter ausgeführt wird sie nicht. Was gebraucht heißen soll, darüber kann man in der offenen Metaphorik spekulieren. Mit 46 schon mal oder öfter verheiratet? Oder keine Jungfrau mehr?
Und nun geht's ab ins Tierische, aber noch vermengt mit dem Auto und vor allem mit dem Fahren. Das ist so vielen wichtig. Auch einer Frau?

Zweibeiniger Drachen sucht Knuddelmonster, das es mit ihr aufnimmt. In guten wie in schlechten Zeiten. Habe schon etl. Km runter, bin trotzdem jederzeit fahrbereit. Mit mir gegen den Rest der Welt.

Einsamer Wolf sucht schlankes Reh zum Durchstreifen der Disco-Wälder. Jagdrevier [. . .] Bild wäre nett.

Das hier ein Mann. Metaphorisch eindeutig oder misslungen? Ein reißender Wolf, was wird er mit dem schlanken Reh so machen? Vor allem, wer wird sich bewerben und sich zum Fraß vorwerfen?

Müder Stier (21/190/76) sucht die Torera, die ihn wieder auf Touren bringt. Notfalls mit dem roten Tuch. Bild wäre (s)tierisch gut!

Das ist offenbar ein Kerl, denn Stier für Frau passt kaum. Aber 21 und schon abgefuckt! Da muss was schief gelaufen sein. Nun aber das rote Tuch? Reizwäsche? Oder?
Gegenüber all den schärferen Sachen kommt das hier kreuzbrav daher. Aber wenn's interessiert.

Solides männliches Schmuckstück – Made in Germany – sucht neue Besitzerin.

Metaphorisches Reden birgt Gefahren: Es sei eben uneigentlich und schwammig. Jeder möge etwas Anderes assoziieren und verstehen. Darum hat es auch immer wieder die Kritiker beschäftigt. Vielen galt es als pfui. Besonders Fritz Mauthner, der die ganze Sprache für metaphorisch hielt, sah Metaphern kritisch. Extrem gar: Im Kampf gegen die metaphorische und verhüllende Rede soll man die Krankheit ruhig beim Namen nennen, nämlich Krebs. – Und paradox.
Das Folgende erfordere etwas priming, Aufwärmen für das Verständnis, sagt meine Frau. Also gut: Es gibt Flaschen allerlei Art.

Bettflasche sucht zum Aufwärmen platonische Liebe.

Namen sind Schall und Rauch.

Denkste! Denkste?

Der Film „The Sting" (bisschen schief im Deutschen „Der Clou"): Hooker, der kleine Trickgauner, tut sich mit Gonndorf zusammen, um in einem groß angelegten Ding den mächtigen Gangsterboss Doyle Lonnegan auszunehmen. Als Vorgeplänkel ein High Poker im klandestinen Séparé eines D-Zugs. Gonndorf redet im direkten Kontakt Lonnegan immer wieder mit abgewandeltem Namen an etwa Lonneman. „Lonnegan, ich heiße Lonnegan!" „O.k., Lonnemann." Das wirkt, treibt den zur Weißglut. Wer gewinnt wohl den Poker?

Namen sind Wörter, aber Wörter sind keine Namen. Wörter haben Bedeutung, man kann sie im Wörterbuch nachschlagen – wenigstens ungefähr. Für Namen gilt das nicht: Die kleine Lisa mag eine ganze andere sein als die andere Lisa. Das Gleiche gilt für den kleinen Fritz. Und dennoch sind Namen bedeutsam: Wir verbinden etwas mit ihnen und wir lesen etwas heraus. Wir sehen das an Personennamen.

Wenn Eltern ihren Kindern Namen geben, dann haben sie Gründe und Motive. Das muss nicht hoch reflektiert sein, aber Überlegungen gibt es schon vor der Geburt, weiß ich.

Die Motive der Eltern sind meist auf die Zukunft gerichtet: Wie das Kind werden möge, oder auch, wer es schützen soll. Die alten Germanen gaben oft Vornamen nach Tieren, sie spielten mit den tatsächlichen oder den zugeschriebenen Eigenschaften der Tiere. So war ein Fuchs natürlich schlau, ein Bär war stark. Als Kampfbären und Wolfskämpfer sahen die alten Germanen ihre Jungs.

Wie aber war das mit den Mädchen? In Edeltraut und Ingeborg spielte mehr das Beschützende oder zu Beschützende seine Rolle. Ähnliches gilt für biblische Vornamen. Meist die von Schutzheiligen.
Eltern geben Kindern Namen nach Vorbildern und auch nach Moden. In den 80er Jahren waren Stefanie und Steffi und Boris ein Hit. Die Vorbilder kennen Sie. Vielleicht war es einfach nur Mode, aber auch ein bisschen Hoffnung? Auf jeden Fall lohnt es sich auch hier, etwas an die Zukunft zu denken, wenn es dann in der Umgebung von Borissen und Steffis wimmelt. Besonders peinlich erwies sich dieses Motiv in der Nachnazizeit, wenn der Sprössling dann den Namen Adolf mit sich herumschleppte.
In Befragungen haben Eltern die Motive genannt, die für sie bei der Vornamengebung wichtig sind. Ein Kriterium war: Der Vorname muss zum Familiennamen passen. Also, sollte die Familie Wurst ihren Sohn nicht Hans nennen. Passen würde es ja. Jungennamen seien am besten einfach und unkompliziert. Und bei Mädchennamen sehr wichtig der Wohlklang. Die schöne Dorothea. Aber schlimm kann das werden, wenn der Mädchenname abgeleitet ist von einem Jungennamen. Arme Wilhelmine!
Wohin kann das führen? Was kann aus den Namen werden?
Erst einmal die passende Kurzform, nicht umsonst handelt es sich um Rufnamen. Da wird die Dorothea natürlich zur Doris und noch kleiner und gekost zum Dorle. Und da haben wir: den Dietz, den Götz, den Heinz, den Lutz, den Utz als Z-ler und die Angi, die Domi, die Fabi, die Susi als I-lerinnen und dazu als Dopplerinnen die Dede, die Jojo, die Lele. Das muss ja nicht unbedingt schlecht sein.

Und wenn aus der Thusnelda am Schluss die Tussi wird, dann hat sie es sogar ins Wörterbuch geschafft. Bissl schlechter ist es dem Bonifazius ergangen. Er hat es zwar auch ins Licht der Welt des Wörterbuchs geschafft, aber der Bazi ist leicht unterbelichtet.
Kürzungen von Vornamen gehen oft auf die kindliche Aussprache der Träger zurück: Brigitte > Bibi, Joseph > Pepi. Und die Lallform für Christine: Titti?
Kosenamen können es in sich haben. Sie sollen ja wohl schmeicheln und verniedlichen. Das passt vielleicht für Kinder, kann aber für Erwachsene peinlich sein. Unter Liebenden soll ja schon mal sowas üblich sein: Purzel und Schnuckiputz. Recht treffend auch Mausi und Spatzi. Selbst in der intimen Zweisamkeit kann das für Erwachsene aber peinlich sein. Welchen möchte man als Frau am wenigsten hören? Sorry, ich zitiere aus der realen Welt. Pummelfee? Paketchen? Füzilein? Luftballönli? Munggi? Und als Mann: Böckle? Schnügel? Tarzan? Schleckstängeli?
Unser Name ist ein Stück von uns, ein Stück unserer Person – keine Klebetikette, doch haftet an dir wie eine Klette. Namen verhunzen ist zwar verpönt, kann aber lustig sein. Das Gemeinste für Todenhöfer war einst Hodentöter. Auch ohne Sinn!

Eine besonders kribblige Besonderheit sind Spitznamen. Unter Spitznamen verstehen wir mancherlei. Wer einen Spitznamen verwendet oder vergibt, ist nicht von vornherein böse. Es gibt selbst gegebene, meist irgendwie Kürzel des Vornamens. Zum Beispiel gehen sie zurück auf die frühe Kindheit, wenn das Kind seinen Namen noch nicht vollständig beherrscht, ihn verkürzt oder verkindlicht, etwa für Patrizia sagt Pappizza oder Pizzala.

Das kann in der Familie bewahrt werden und weiter nach außen tragen. Auch fremd gegebene können empathisch sein.
Auch wenn Spitznamen nicht bös gemeint sind, möchte ich keinen. Sie nehmen ein bisschen was von der Person oder fügen ihr was hinzu. Denn – wie gesagt – ist unser Name ein Stück von uns selbst, ein Stück unserer Person.
Richtig schlimm sind aber sprechende Spitznamen (auch mal als Kosename gedacht?). Egal ob sie irgendwie zutreffen oder nicht.

> Adonis, Atze, Bambina, Barbie, Big Foot, Brummel, Bussibär, Captain, Cinderella, Dickie, Digga, Fee, Fruchtzwerg, King, Mieze, Mopsi, Muckibär, Mütze, Pupsi, Pusteblume, Püppi, Sahneschnitte, Schnullerbacke, Schnulli, Schnute, Sunnyboy, Sweety, Teddy, Knutschkugel, Pupsmaus, Zottel

Der Übergang zum Schimpfnamen ist da nicht weit.

> Hornochse, Lutscher, Penner, Pupser, Stinker, Trampeltier, Trottel, Zimtzicke

Aber sie stilisieren auch. Von Sportskanonen kennen wir solche Stilisierungen: Eisenfuß, Floh, Zecke. Sie sagen etwas über diese Personen, prägen ihr Image. Irgendwie sind sie getarnte Eigenschaftswörter, können implizit Kritisches sagen wie Rambo oder Süffi. Auch als Unterseeboote kann man sich schwer gegen sie wehren, etwa das metaphorische Skorpion.
Namen können Assoziationen wecken. Das können angenehme sein, gegen die der Namenträger meist keine Einwände hat, aber auch sehr unangenehme wie bei Adolf. So geht es für manch einen von der Thusnelda zu den alten Germanen und gar zur Herrmannschlacht. Von Friedrich zu den Preußen, dem Kurfürsten und dem König, aber auch zu Engels. Von Johannes zur Offenbarung.

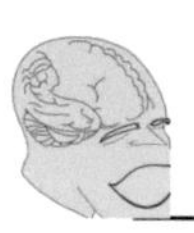

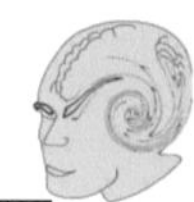

Und für die einfache Hilde bekommen wir:

Das könnten auch Eltern bedenken, wenn sie sich bei ihrer Namenwahl von ihren Assoziationen leiten lassen und nicht sehen, was sonst noch dranhängen könnte.

In Redensarten und metaphorischen Benennungen kommen auch Vornamen vor. So der flotte Otto für Durchfall. Wenn man schließlich Namen wie Wörter verwendet, will man damit etwas sagen. Man denkt an eine hervorstechende Eigenschaft des Trägers: „Unser Peter ist ein kleiner Napoleon".

Aber kennen Sie das? Wer Geschwister hat, kennt das vermutlich nur zu gut: Eltern bringen gerne die Namen ihres Nachwuchses durcheinander. Bisweilen brauchen sie mehrere Anläufe, bis der richtige dabei ist. Ein Ausdruck mangelnder Zuneigung ist das laut einer aktuellen Studie aber nicht. Wir Menschen scheinen alles aus dem näheren sozialen Umfeld im Gedächtnis unter einer einzigen Beziehungskategorie abzuspeichern und ebenso abzurufen.

Mit Tieren reden oder wie sag ichs meinem Rinde

Anderntags bekam ich ein Gesprächsprotokoll vom Spezialisten. Es war sehr wirr. Sätze sehr kurz, abgehackt, unlogisch. Ganz so, wie Fijack eben war. Es passte genau zu seinem Wesen. Außerdem wuchs in seinem Kopf ein Tumor. Alles passte genau zu seinem Sprachstil. Es passte wie die Faust aufs Auge.

Wenn man nun weiß, dass Fijack ein Hund war, dann passt auch die Faust aufs Auge. (Sie wissen, dass viele Brutalos meinen, sie passe besonders gut. Aber die Tierliebtante hier, wie passt das?)
Mit Tieren stellst du einen Kontakt her über eine Herz-zu-Herz-Verbindung. Du stellst dir einen Regenbogen vor, der dein Herz mit dem Herzen deines Tieres verbindet. (Beate Seebauer)
Das kommt mir doch irgendwie bekannt vor. War es nicht der liebe Gott, der einen Regenbogen zu uns Menschen schlug? Auch unter uns Menschen mag eine Herz-zu-Herz-Verbindung nicht ganz schlecht sein.
Kommunikation mit Tieren scheint vor allem zu funktionieren bei Tieren, die einem nahe stehen. Mit Hund und Katze reden wir ja alle. Mit Ihrem Wellensittich? Wer weiß. Allerdings der alte Bauer redet auch mit seinem Rind: Hü, hott, huf! Und das Rind reagiert – entsprechend langsam natürlich.

Vielleicht können Sie die Hühnersprache? Nein? Die können Sie leicht lernen: Jede Silbe eines Wortes wiederholen mit einem „h" davor, dann ein „de" und die Silbe nochmal mit einem „f" statt des Anlauts. Leider wird kein Huhundefun Sie verstehen.

Also insgesamt wird man die Arten überspringende Kommunikation nicht so ganz ernst nehmen. Wie aber steht es innerhalb von Spezies? Bei den Walen reden Wissenschaftler davon, dass sie miteinander kommunizieren. Ich glaub aber: Das ist sehr bescheiden.

In meiner schulischen Sozialisation war ein Biologie-Renner „Über die „Sprache" der Bienen" von Karl von Frisch.

Eine Honigbiene findet eine Zuckerquelle. Sie saugt etwas davon und kehrt zu den anderen Bienen in den Stock zurück. Dort führt sie einen Rundtanz vor. Die anderen Bienen beobachten diesen Tanz und tanzen ihn schließlich mit. Sie bekommen auch das Futter zu schmecken anhand der mitgebrachten Proben. Dann fliegen sie allein aus und finden zu dem Futterplatz.

Ist ein Futterplatz weiter entfernt, dann muss die Kundschafterbiene auch seine Entfernung mitteilen. Sie tut das durch einen Schwänzeltanz. Die Entfernung des Futterplatzes wird dabei durch das Tempo des Tanzes angegeben, je weiter desto langsamer der Tanz. Die Richtung des Futterplatzes gibt der Kundschafter durch die Richtung seines Tanzes an. Wenn der Schwänzeltanz vor dem Stock stattfindet, merken sich die anderen Bienen die Richtung am Stand der Sonne und fliegen direkt zum Futterplatz.

Mit der Idee, bei dem, was die Bienen da machen, von Sprache zu reden, kam die Diskussion und viele, viele Experimente und Antworten in die Welt. Im Grunde geht es mehr um die Verwendung des Worts *Sprache*, dem alsbald die Anführungszeichen im Frisch-Titel abhanden kamen, als um die Sache. Was ist man bereit noch oder schon Sprache zu nennen? Plastizität und Metaphorik unserer Sprache haben schon manche verführt.

Und dann wurde das Ganze noch plaziert in eine riesige Auseinandersetzung, die zwischen Tierfreunden und Menschenfreunden. Tierfreunde sehen das Ganze so oder stellen es so dar, dass Tiere überraschend viel können, was man ihnen nicht zugetraut hätte. Menschenfreunde schauen mehr darauf, was Menschen besonders Tolles können, wo Tiere ihnen nicht das Wasser reichen können. Die Auseinandersetzung kann noch schön angeheizt werden (wie schon in *überraschend* angedeutet), wenn der Tierfreund dem Menschenfreund unterstellt, er sei ein Tierfeind oder milder, er habe auf jeden Fall weder Ahnung von Tieren noch Sympathie für sie. Und umgekehrt.

Zuerst ein paar Fälle, in denen die Rede davon ist, dass Tiere eine Sprache haben, entwickeln können oder kommunizieren (von Sprechen wird da lieber erst gar nicht gesprochen, denn vokale, von uns phonologisch segmentierbare Ketten bringen bestenfalls ein paar Vögel hervor). Viele Beispiele befassen sich mit tierischer Kommunikation innerhalb der Speziesgrenzen: Bienen untereinander, Wale und Singvögel. Während von Frisch immerhin noch Thesen dazu hatte, was die Bienen mit ihrem Gehabe mitteilen, werden bei Walen und Vögeln vor allem (schöne?) Tonverläufe präsentiert (Gesänge eben), über deren Bedeutung nichts gesagt und nichts bekannt ist. Schon die Segmentierung der Tonverläufe ist darum Menschenwerk. Wer bestimmt, etwas sei eine Wiederholung?

Anders scheint die Sache schon, wenn Artgrenzen – wie vom HIV-Virus – übersprungen werden. Da wird es vor allem deshalb anders, weil es immer um die Grenze zum Menschen geht, und da können wir blendend mitreden. Mit Haustieren wird ja schon kräftig kommuniziert. — Aber in Menschensprache.

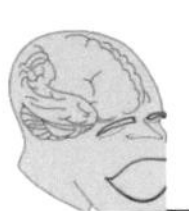

Weit verbreitet ist sicherlich die Kommunikation mit Hunden, in der es oft gar nicht auf Evidenz für das Verstehen ankommt. Auf jeden Fall ist diese Kommunikation einseitig: Hunde verstehen nur, sie sprechen nicht. Sie verstehen im Grunde nur Befehle, denn da gibt es eine gewisse Evidenz, wenn sie das Richtige tun. Wie viel das ist, dürfte nicht so klar sein. Aber im Vergleich zu dem, was ich einem Hund befehlen könnte oder worum ich ihn nett bitten könnte, lächerlich wenig.

Eine ganz andere Sache ist die Erforschung tierischer Kommunikationsfähigkeiten, allein aus Interesse, nicht etwa um mit diesen Tieren zu kommunizieren. Hier gibt es Experimente mit Affen. Die sollten vor allem darauf trainiert werden, mit sprachlichen Surrogaten auch produktiv zu kommunizieren. Die einen lernten mit Plastik-Chips zu hantieren, die anderen Buttons zu drücken und manche sogar auf (im menschlichen Sinn symbolisierte) Bildchen zu zeigen. Von manchen wird sogar behauptet, sie hätten ASL, die amerikanische Gebärdensprache der Gehörlosen erlernt oder zumindest ein bisschen davon.

Übersetzt zeigt ein trainierter Affe dann:

Ich Banane. Ich Banane du. Du Banane ich.

Was will er damit sagen?

Ich habe die/ eine/ diese Banane.

Ich will die/ deine/ jene Banane.

Ich sehe die/ eine/ diese Banane.

Das und die inneren Alternativen dürften schwer zu entscheiden sein. Auch sollte man sich einen Test ausdenken, ob die Übersetzung mit *ich* korrekt ist. Ich vermute hier Menschenwerk. Der Übersetzer ist der Künstler.

Evolutionär gesehen sind Fähigkeiten verstreut über die Arten und es gibt keine lineare oder gar einsträngige Ordnung.

Es geht gar nicht darum, die Artgrenzen definitorisch zu erhalten, Tierfreund oder Tierfeind zu sein. Ich habe nichts dagegen, einer Kuh begriffliches Denken zu unterstellen, wenn sie wählerisch einiges als Futter verschmäht. Aber ich finde keinerlei Evidenz, dass Tiere Folgendes könnten:

- artikuliert sprechen oder auch nur brabbeln
- Italienisch lernen und ins Deutsche übersetzen
- über einen tierischen Witz lachen

Sie merken schon, so ganz ernst kann ich die Diskussion nicht nehmen.

Besser schon ein weiterer Ratschlag aus der Mensch-Hund-Kommunikation: Es ist ganz wichtig, dass du die gehörten Worte nicht durch andere ersetzt. Gib sie genauso wieder, wie du sie empfangen hast, sonst ist die Kommunikation nicht authentisch. Sollten die Sätze grammatikalisch falsch sein, verändere sie trotzdem nicht. Das könnte sich so mancher Spiegel-Redakteur für Zitate hinter die Ohren schreiben.

Mach doch nicht so ein Gesicht!

Was bewirkt das Gesicht?

Wie schaut das Kind links in die Welt?

Und wie das Kind rechts?

Gesicht hat etwas mit *sehen* zu tun. Hier geht es darum,

- wie wir ausschauen,
- wie wir schauen.

Wie wir ausschauen, dafür können wir in gewissem Sinne nichts. Das Gesicht ist erst einmal angeboren, es wächst langsam heran und vielleicht graben sich Erlebnisse ein – sagt man so. Aber viel ändern können wir da nicht, es sei denn durch dramatische Eingriffe.

Wie wir schauen, dazu können wir viel tun. Wir können so oder so kucken und wir können unser Gesicht verziehen. Es geht dabei um die Mimik. Mimik wird sicherlich partiell gemacht, aber der Produzent hat es nicht ganz einfach. Er sieht ja nicht, was er tut. (Es sei denn, er ist in der Schauspielausbildung.) Das heißt, er lernt den kommunikativen Effekt nur über die Reaktionen der Partner kennen, die er allerdings eher unreflektiert wahrnimmt. Wir haben es auf jeden Fall mit kommunikativer Zweiseitigkeit zu tun.

Mimik wie Gestik sind Ereignisse in der Zeit. Es gibt sehr schnelle, kurze und unauffällige Gesichtsbewegungen, die kommunikativ verwertet werden. In Bildern haben wir sie nur eingefroren. Aber auch nach stehenden Bildern schreiben wir kommunikative Absichten und gar stehende Eigenschaften zu.
Ja, hierbei wird sogar das Aussehen wahllos vermengt mit dem, wie jemand schaut.
Ein Diebstahl im Kaufhaus ist aufzuklären. Wer könnte es gewesen sein?

Wenn Sie von Natur aus so jemandem ähnlich sehen, wie gehen Sie da durchs Leben?
Mimik ist schon wieder so ein weites Feld. Wir haben viele Ausdrucksweisen, um sie zu fassen.

- Die Stirn kann man in Falten legen, runzeln oder auch nur kräuseln.
- Den Mund kann man verziehen oder zusammenpressen.
- Die Nase kann man rümpfen. Sie in anderer Leute Angelegenheiten stecken ist schon nicht mehr Mimik.

Wie das alles im Einzelnen aussehen würde, ist unbestimmt. Manche Ausdrücke können auch einfach ohne Grundlage verwendet werden. „Sie rümpfte die Nase“ soll dann einfach nur sagen, dass sie ihren Widerwillen zum Ausdruck brachte.

Und wie wäre es mit „Schau mir in die Augen, Kleines“? Eine Ehevermittlung hat ihrer Klientin avisiert der zu vermittelnde Partner habe einen kleinen Makel, einen winzigen Fehler im Auge. Schon beim ersten Treffen hat es gefunkt. Sie hat ihm so interessiert in die Augen geschaut, dass er hingerissen ward.

Augen sind der Spiegel der Seele. Schauen Sie mal ein paar Blicke an.

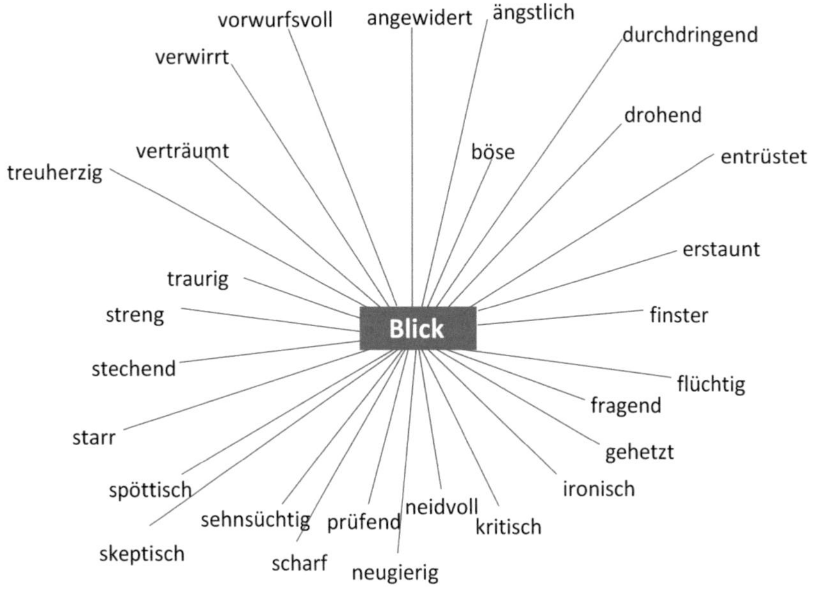

Ein paar Ratschläge, was Sie mit den Augen machen könnten?

- Einen Mann gewinnen: Große Pupillen machen (wie ginge das?), Augenbrauen hochziehen, Kopf etwas nach unten, Blick nach oben oder Kopf in den Nacken und Lider halb geschlossen. Kurzer Blick und dann wegschauen.
- Einen Aggressor abwehren: Fester Blick in die Augen. Augenbrauen nach unten ziehen.

Wenn allerdings Blicke töten könnten, wär alles viel leichter.

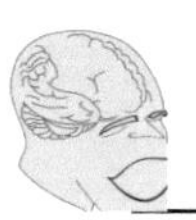

Das Interessanteste an der Mimik-Sprache aber ist: Es ist keine Sprache. Und universell – wie schon mal behauptet wird – ist sie schon gar nicht. Oder sehen Sie das hier auch so?

Die Mimiker wollen uns gar nichts sagen. Aber wir Mimik-Schnüffler kriegen so etwas raus, was gerade nicht rauskommen soll. Ehrlich?

Was tut eigentlich Alonso hier?
Vor dem Rennen?
Nach dem Rennen?

Die Sprache der Mimik

Die Sprache der Mimik ist ein weites Feld. Und jeder versteht sie. Aha, noch eine Sprache? Was so alles Sprache ist und wer alles eine hat:

- die Bienen natürlich,
- die Wale.
- Die Philosophie?

Wissen die überhaupt, wie eine Sprache ausschaut? Was das Sensationelle an der menschlichen Sprache ist: Wie sie entsteht, wie sie sich wandelt und wie sparsam und genial sie gebaut ist? Dazu in Kürzestform:

1. Auf der untersten Ebene haben menschliche Sprachen einen festen Satz von etwa 40 Phonemen. Jedes Phonem ist wieder definiert durch wenige Merkmale.
2. Durch Verkettung von Phonemen entstehen Wörter oder Morpheme. Das geschieht nicht rein kombinatorisch, sondern regulär. Die Regeln gründen auf Aussprechbarkeit und Erkennbarkeit. Die Zahl möglicher Wörter ist unüberschaubar groß.
3. Auf der dritten Ebene werden Wörter zu Sätzen kombiniert. Dafür sind syntaktische Regeln zuständig. Die Länge von Sätzen ist nicht beschränkt. Darum gibt es unendlich viele Sätze.

Von alledem hat die Mimik überhaupt nichts und Ausdrucksmittel kläglich wenig. Bei den Sprachen gibt es wirklich Einiges, was allen gemeinsam ist, sonst könnte nicht jeder kleine Mensch jede x-beliebige lernen. Kommt nur drauf an, wo er hineingeboren ist. Aber, die Mimik sei universell zu glauben, wird Sie in fremden Landen schnell in Fallen locken.

Mimik ist dennoch ein weites Feld. Wir haben einige Ausdrucksweisen, um sie zu fassen – in unserer Sprache!

- Die Stirn kann man in Falten legen, runzeln oder auch nur kräuseln.
- Den Mund kann man verziehen, die Lippen zusammenpressen.
- Mit den Augen kann man blinzeln und zwinkern.

Eines zudrücken muss schon nicht mehr Mimik sein. Und ebenso wenig, wenn einer mit den Ohren wackelt oder wenn sie gar selber schlackern.

Wie das alles im Einzelnen aussehen würde, ist unbestimmt. Manche Ausdrücke können auch einfach ohne physische Grundlage verwendet werden. „Sie rümpfte die Nase" soll dann einfach nur sagen, dass sie ihren Widerwillen zum Ausdruck brachte.

Hier ein paar Kleinigkeiten aus dem Mimik-Code:

- Augenlider nach oben gezogen, Lippen nach außen gespannt = Angst
- Augenbrauen zusammengezogen, Mund gepresst = Ärger
- Augenbrauen nach unten gezogen, Nase gekräuselt = Ekel
- Augenlider nach oben gezogen, Mund entspannt = Überraschung
- Augenbrauen innen nach oben, Mundwinkel nach unten = Trauer

So überraschend ist das nicht. Und was hier ausgedrückt werden soll, ist nicht gerade viel. Ok, fehlt noch die Freude!

Das Interessanteste an der Mimik-Sprache aber ist: Die Mimiker wollen uns gar nichts sagen. Aber wir Mimik-Schnüffler kriegen so etwas raus, was gerade nicht rauskommen soll. Ehrlich?

70 Prozent Lügendetektion erreichen wir über die Analyse der Mimik, spricht der Lügendetektor. Was macht der Lügner denn unwillkürlich, woran wir ihn erkennen?

Die Lügenmimik drückt aus Angst, Schuld und wunderbarerweise auch Freude. So schön kann lügen sein!

Also, wenn Sie künftig so etwas bei Ihrer Partnerin sehen, dann seien Sie sicher: Sie lügt.

Frage nur: Womit?

Falls Sie mit geschulten Partnern zu tun haben, dann müssen sie Gegenwehr üben. Lernen Sie einfach Mimisieren, um etwas vorzugeben. Das wird so ein geschulter Partner bestens schlucken. Er glaubt, dass er Ihnen auf die Schliche gekommen ist, und darum glaubt er es umso leichter und fester.

Der Gesichterleser muss zusätzlich den schnellen Blick lernen. Es gibt nämlich die Blitzmimik und gerade die ist so wichtig zu lesen, weil die Menschen sie gar nicht unter Kontrolle haben. Und das ist es ja gerade, was ihn interessiert. Ihn interessiert das Versteckte, was gerade nicht gesagt werden soll. Tolle Kommunikation!

Als Training wird dem Gesichterleser empfohlen: Schalten Sie beim Fernsehen den Ton aus und betrachten Sie intensiv die Gesichter und die Blitzmimik. Da erkennen Sie allerhand. Nur leider wissen Sie nicht, was – und was die sagen.

Trotzdem kann das natürlich manches Mal entspannend sein.

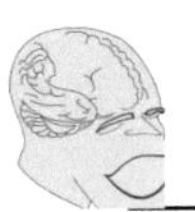

Nun aber doch was Positives. Ihre Mimik wirkt auf Ihre Stimmung, beeinflusst Ihre Gefühle. Also üben Sie: Ziehen Sie die Augenbrauen streng zusammen und schon sind Sie sauer. Besser: Machen Sie die Augen groß und rund, schon glücklich.
Ja, und das Höchste! Die Blitzmimik ist ansteckend. Die Spiegelneutronen sorgen mal wieder dafür. Ziehen Sie die Mundwinkel nach unten, schon ist Ihr Partner sauer.

MAMIMOMAMI:
Mach mit Mona mal Mimik!

Da wird Ihr Partner glücklich, weiß der Faxendeuter. Der Glaube versetzt bekanntlich Berge.
Menschen reagieren einfach subkutan auf den Gesichtsausdruck. Wenn Sie so ein trauriges Gesicht machen, bekommen Sie Mitleid. Das tut gut. Aber Vorsicht! Wohl dosieren!

Zu viel Trauer
Macht manche tierisch sauer.

Lachen ist gesund.

Kommt drauf an, für wen.

Eine erste Warnung: Lachen kann – wenn auch nur bildlich – schlimme Folgen haben: Man kann sich kaputt, tot, scheckig, kringelig, schlapp, halbtot, krumm und schief lachen.

Kommunikativ ist das Lachen noch besser zu verwenden als das Weinen. Gut, Weinen rührt noch mehr und nicht jede kann es einfach so machen. Lachen können wir machen und es kommt so unschuldig daher. Hat es sein Image verbessert, indem es sich hinter der Unschuld versteckt?

Konrad Lorenz erklärt das Lachen evolutionär als Weiterentwicklung einer natürlichen Reaktion: das Zähnefletschen als ultimative Drohgebärde. Nun, das wäre nun wirklich ein kultureller Fortschritt, wenngleich Reste geblieben sein mögen. Thomas Hobbes, der Philosoph, sieht das auch nicht so positiv und erklärt einen Grund für das Lachen: das plötzliche Gefühl der eigenen Überlegenheit angesichts fremder Fehler.

Aber echt kommunikativ ist das Lächeln, ein kleines Lachen. Meist hört man es nicht und es hat auch einen anderen Sinn.

Der Sinn des Lächelns ist unsere Zutat. Wir schöpfen aus unserer Erfahrung und unterstellen ihn. Öfter können wir drum auch nicht genau angeben, wie wir drauf kommen, wie wir es begründen, ja was es überhaupt ist. Versuchen wir es mit dem süffisanten Lächeln am Beispiel.

> Noch ein pikantes Thema: Sex im Zelt. Es versteht sich von allein, dass Paare den Geräuschpegel den Nachbarn zuliebe in Grenzen halten sollten. Denn Zeltwände sind alles andere als schallisoliert. Doch Camper gelten als tolerante Menschen und so mancher wird da wohl nur ein süffisantes Lächeln aufsetzen.

Wenn Sie nun glauben, Sie könnten ja mal ins Wörterbuch schauen, da finden Sie für süffisant so etwas wie selbstgefällig, dünkelhaft. Aber würde das hier passen? Oder ist im Beispiel das Wort nicht sowieso falsch verwendet?

Also noch eins bitte!

Im Bericht über ein TV-Duell hat Steinmeier eine Vorlage verpasst.

> Frank-Walter Steinmeier stutzt: „Das kann ich nicht mit letzter Sicherheit beantworten." Angela Merkel lächelt – süffisant.

Da sehen Sie, dass Sie das süffisante Lächeln nicht sehen. Der Journalist aber doch?

Lesen Sie nun dies mit einem süffisanten Lächeln auf den Lippen und ohne böse Hintergedanken? Ok, wenn Sie es mögen.

Was bewirken wir mit Gesten?

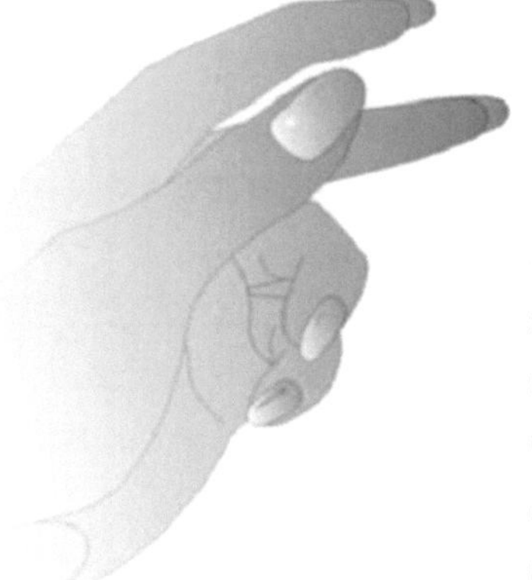

Diese Geste kennen Sie?

Brauchen Sie sie auch schon mal? Oder verwenden Sie sie einfach so. Angeblich ist es eine typische italienische Geste, wie ja die Italiener allgemein als Weltmeister der Gesten angesehen werden.

Dies ist eine elegante Schwester des mano cornuto. Sie dient der Abwehr des Satans und dergleichen, also auch gegen entsprechende Menschen.

Gemeinhin wird Gestik als eine Sparte der nonverbalen Kommunikation gesehen. Gesten werden vor allem mit Händen und Armen ausgeführt. Man könnte vielleicht auch manche Bewegungen des Kopfes und der Schultern hinzuzählen. Bei einer Geste erzeugt man eine bestimmte Formation der Hand, besonders der Finger. Diese starre Formation steht im Vordergrund. Sie wird dem Partner gezeigt. Darum werden Gesten auch oft in starren Bildern dargestellt. Aber eine Geste ist eigentlich eine Bewegung und die Art der Bewegung, ihr Tempo und ihre Richtung können wichtig sein. So wird man den mano cornuto dem Gegner entgegenstrecken.

Zu unterscheiden sind konventionelle Gesten vom eher sprechbegleitenden Gestikulieren. Die konventionellen sind Zeichen einer bestimmten Art. Man versteht sie nur, wenn man sie kennt: ihre Form und ihre Funktion. Aber das Verstehen kann gestützt sein:

- Viele sind ikonisch zu verstehen. Das heißt: Ihre Form zeigt irgendwie eine Analogie zu ihrer Bedeutung.
- Andere Gesten sind eher assoziativ zu deuten: Es fällt einem etwas ein zu dieser Bewegung und Formation.
- Schließlich gibt es auch Gesten, bei denen historische Tatsachen und entsprechendes Wissen eine Rolle spielen. So etwa die Rolle des Satans beim italienischen cornuto.

Weitgehend ikonisch ist das Zahlenzeigen. Das erste Bild hier zeigt natürlich eine Eins. Aber fangen Sie nicht eher mit dem Daumen an?

Das zweite ein Drei, aber so, wie Sie Ihre Drei sehen.
Was Sie abgebildet sehen, ist eher eine amerikanische Drei.
Sie wird dem Partner mit der Handinnenfläche nach außen gezeigt.

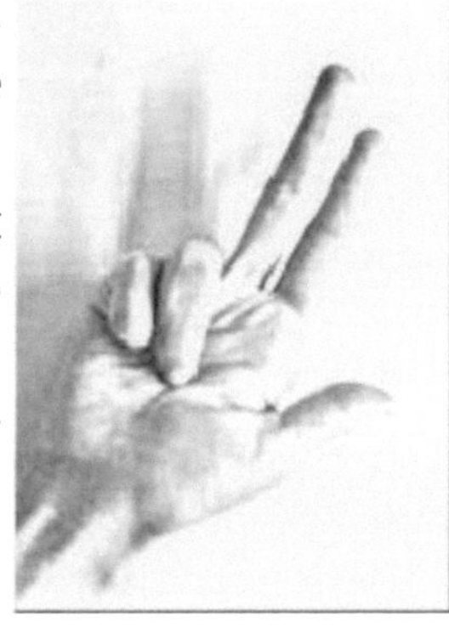

In beiden Fällen zählt – wie erwartet und natürlich – die Zahl der Finger. Das gilt ebenso für eine amerikanische Eins, bei der dem Partner auch die Innenhand gezeigt wird.

Etwas komplizierter wird es schon hier. Was wird gezeigt? Es wäre eine chinesische Zwei und könnte eine japanische Drei sein. Im Japanischen zählen nämlich die weggeklappten Finger. Also aufpassen in fremden Kulturen.

Was wird rechts gezeigt?
Im Deutschen würde die zweite Hand verwendet. Dies aber ist chinesisch. Eine Neun. Den Sinn erkennen wir nicht. Konvention spielt immer hinein.

Schon beim Zahlenzeigen ist also die Frage:

- Welche Finger werden gezeigt?
- Welche Finger zählen: gezeigte oder weggeklappte?
- Welche Seite der Finger wird gezeigt?
- Werden sie starr gezeigt oder wird mit ihnen gewackelt?

Bei anderen Gesten kommen auch Assoziationen ins Spiel. Diese Geste ist vieldeutig, sowohl interkulturell wie auch innerkulturell.

- Mit der Assoziation „perfekter Kreis" wird sie verstanden als „ok, super".
- Mit der ikonischen Assoziation „Loch" ist sie weitgehend obszön.
- Mit der ikonischen Assoziation „null" wird sie als Zahlzeichen verstanden.

Bei anderen Gesten kommt noch mehr, auch historisches Wissen ins Spiel.

Diese Geste zeigt ikonisch eine Drei.
Es könnte aber auch eine serbische Geste sein.
Sie steht für die Dreieinigkeit.

Gesten sind visuelle Zeichen. Sie sind nur nützlich in der face-to-face-Kommunikation. Manche Forscher sehen Gesten als urtümliche Form in der Entwicklung menschlicher Kommunikation. Die heutigen Gesten seien oft Substrate einer älteren Schicht. Das gelte vor allem für Zeigegesten, die auch in der Ontogenese nur bei Menschen und nicht bei Primaten vorkommen. Wichtig in der Evolution wäre dann aber der Unterschied zwischen lautlichen und visuellen Zeichen:

- Laute verbreiten sich in alle Richtungen.
- Unsere Ohren nehmen aus allen Richtungen wahr. Ein Alarm dringt von überall zu uns.
- Visuelle Zeichen verbreiten sich als Strahl.
- Sie verlangen den gerichteten Blick, die vorgängige Aufmerksamkeit.

So gesehen könnte man sich auch vorstellen, wieso die Lautsprache sich evolutionär durchgesetzt hat, und vor allem, warum sie so hoch differenziert wurde.

Kommunikativ gesehen sagen Gesten im Vergleich zu sprachlichen Äußerungen wenig. Sie sind sehr undifferenziert. Nützlich sind sie vor allem, wenn die lautliche Verständigung wegen Lärm, Entfernung oder Anzahl der Adressaten nicht möglich ist. Ihre Attraktivität für bestimmte Zwecke beruht vor allem darin,

- dass der visuelle Kanal verwendet wird,
- dass sie (deshalb) besonders auffällig sind,
- dass sie meistens nicht ganz eindeutig sind,
- dass sie ephemer, das heißt vergänglich sind.

Viele Gesten sind nicht unbedingt konventionell. Hierzu gehören insbesondere die sprechbegleitenden Gestikulationen. Sie sind nicht eigentlich für einen Partner gedacht und in diesem Sinn nicht kommunikativ. Das kann man gut bei telefonierenden Menschen sehen, die vom Partner gar nicht gesehen werden und dies auch wissen. Wozu machen sie ihre Handbewegungen? Dieses Gestikulieren kann man so auffassen wie eine kleine Pantomime. Mit Handbewegungen kann ein Erzähler sich als Darsteller fühlen und so seine Rede entsprechend lebendiger gestalten. Er kann zum Beispiel durch rhythmische Handbewegungen sich selber eine Taktierung und Betonung vorgeben und entsprechend seine lautlichen Äußerungen modulieren. Für den Zuschauer oft ein kleines Theaterstück.

Von dieser Art Gestik ist zu unterscheiden das Gebärden Gehörloser. Gebärdensprachen sind zwar auch visuell, aber sie werden als vollständige Sprachen angesehen, mit Lexikon und Syntax. Sie gehören insofern nicht zu unserer Fragestellung.

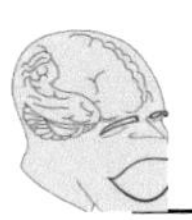

Bleibt noch die Frage der Natürlichkeit von Gesten. Viele meinen, wenn man keine gemeinsame Sprache hat, dann könne man sich mit Gesten verständigen. Das kann eine gefährliche Hoffnung sein. Allein das Zahlenzeigen kann zu Missverständnissen führen, wie Sie ja selbst gesehen haben.
Gesten sind oft einer bestimmten Region, einer bestimmten Sprache oder Kultur zugeordnet. Das hat mit ihrer konventionellen Natur zu tun. Gerade deshalb werden sie zum Problem in der interkulturellen Kommunikation. Beispiele sind nicht nur gezeigte Zahlen es gibt andere, die formal ähnlich, aber semantisch sehr verschieden sind.

So heißt es, man solle vorsichtig sein mit der Geste rechts in Brasilien.

Und sowieso mit der hier unten:

La fica = die Feige,
in der Antike ein Fruchtbarkeitssymbol.

Feigenhand-Talismane gelten in Portugal und Brasilien noch heute als Glücksbringer. Italienisch ist schon das Wort – wie so viele Früchte – sexualisiert (Vulva). Und die Feigenhand deutet Sex an.
In ganz Europa und in China ist die Geste ähnlich vulgär. Sie wird auch als vulgäre Ablehnung, eben mit dem sexuellen Anklang, verwendet. Im Russischen wohl auch als normale Ablehnung. Im Kinderspiel gibt es die süße Verwendung: „Bätsch, ich habe deine Nase!"

Es gibt auch unterschiedliche Formen für Gesten mit ähnlicher Funktion. Ein Beispiel ist das Herbeiwinken.

Vom Gang aus winkte einst ein japanischer Student zu einer amerikanischen Lehrerin, die im Zimmer saß. Die Lehrerin winkte zurück und sagte freundlich „Auf Wiedersehen".
Der Student schaute leicht verwirrt und gestikulierte weiter. Ich konnte der Lehrerin erklären, dass der Student zu schüchtern war, um in ihr Zimmer einzutreten, und sie dazu bewegen wollte, heraus in den Gang zu kommen.

Im Deutschen und offenbar im Amerikanischen winkt man jemanden herbei mit der offenen Hand, das heißt mit der Innenhand nach oben, dreht man die Hand um, ist es eher ein Abschied. In vielen Kulturen zeigt der Handrücken nach oben beim Herbeiwinken.
Kommunikativ können wir nun sagen:

- Das Wir, das die Gesten macht, sind viele Wirs.
- Was eine Geste bewirkt, ist nicht immer gesichert.

Körpersprache – ein Hilite der Kommunikation

Hierzu ist die Welt voll von Darstellungen, Vorführungen und Ratgebern. Es geht immer darum, etwas rauszukriegen, was der Partner gar nicht sagen will. Die Schnüffeltour. Oder Partner rumzukriegen, etwas zu tun, was sie so nicht wollten. Die Rumkriegtour.

Forscher sollen herausgefunden haben, dass der Inhalt einer Aussage nur etwa 7% der Wirkung ausmacht. 55% entstehen durch unsere Körpersprache und 38% durch die Sprechweise! Gottseidank 100%! So steht es geschrieben. Und es wurde langsam immer wahrer. Ich kannte es schon aus einem Buch von 1971. Und – man höre und staune – da steht sogar, dass Albert Mehrabian 1968 das rauserfunden hat. Sollten Sie das glauben, dann hören Sie bitte hier auf zu lesen. Ich kann Ihnen ja nichts vormachen.

Erst mal etwas zur Mimik. Was diese Gesichter sagen (sollen?), sehen Sie selbst.

Mimik ist aber nicht starr, sie ist Bewegung, huscht über das Gesicht.

Vertreter der Blitztechnik tun sich dabei schwer. Die Blitzmimik blitzt – wie der Name sagt – nur kurz auf. Sie sei genetisch hinterlegt und universal. Wer sie deuten kann, ist fein raus. Wie sie aber vorführen? Und dann noch in starren Medium der Bilder! Und so wird der Adept beschummelt. Er bekommt ein starres Gesicht geboten. Und dann gar noch eines, das gespielt wird.

Aber das Aussehen von Menschen prägt sie kommunikativ. Das wissen sie und wollen es entsprechend richten. Auch Sie sind voll von Wissen, wie das Aussehen der Menschen wirkt. Sie haben Erfahrungen gesammelt mit Leuten, die so und so aussehen, und sie haben es generalisiert. Das müssen nicht einmal direkte Erfahrungen sein. Es kann vom Hörensagen wie vom Sehenkucken sein.
Neulich hatte ich ein Buch in den Händen „Il linguaggio secreto dei neonati". Natürlich muss das eine geheime Sprache sein. Das macht das Buch und die Sache (?) erst so richtig interessant.
Selbstverständlich wissen wir alle, dass Babies keine Sprache sprechen, dass sie eben überhaupt nicht sprechen. Wir möchten sie aber so gern verstehen. Im Grunde haben wir aber nur ihr Weinen bis Heulen und vielleicht noch einige Körperhaltungen, Gesichtsausdrücke und so weiter. Dass Babies damit etwas bezwecken wollen, kommunizieren wollen, möge glauben, wer will. Und dennoch haben wir es hier mit einer Urerscheinung der Kommunikation zu tun: Wir Verstehende müssen uns einen Reim darauf machen, was all das zu bedeuten hat, zu bedeuten haben könnte, was das Neugeborene so tut.

Gehen wir erst einmal zum Weinen. Da fragen Sie sich:

- Wie viel Uhr ist es?
- Ist das Kind gerade wach geworden?
- Ist die Windel nass?
- Heult es schon länger?
- Könnte es Hunger haben oder Bauchweh?
- Was ging hier voran? Lärm von drinnen oder draußen?
- Hat der Hund gebellt?
- Wie ist meine Stimmung? Was bring ich rüber?

All dies und noch viel mehr wird die gute Mutter sich fragen. Aber das Kind?

Die gute Mutter wird noch auf viel mehr achten:

- Was macht das Kind mit dem Kopf? Zeigt es Müdigkeit?
- Was macht es mit den Händen, mit den Augen, mit dem Mund vor allem, auch mit der Zunge und so weiter.

Das Kind kommuniziert nicht, aber wir sind große Kommunikatoren, wir legen alles aus. Und gerade das ist der wichtigste Teil der Kommunikation, der sogenannte passive Teil: das aktive Verstehen.

Dies alles sind Deutungen. Es gehört zur normalen Kommunikation. Das große Interesse an Gestik und Mimik ist aber – wie gesagt – auch ein Schnüffelinteresse.

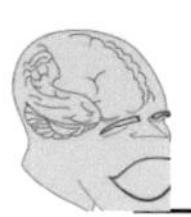

Man denkt, dass man geschult wird, etwas herauszubekommen, was der Partner gar nicht kundtun möchte. Dafür dann Versprechungen wie „. . . werden Sie lernen, die versteckten Botschaften in nonverbalen Signalen und Körpersprache am Arbeitsplatz aufzuschlüsseln und zu entziffern – vom Scheitel bis zur Sohle. Was sagen Hände, Schultern, Gesichter und Augenlider im Konferenzraum aus, was Memos und Worte nicht sagen?"

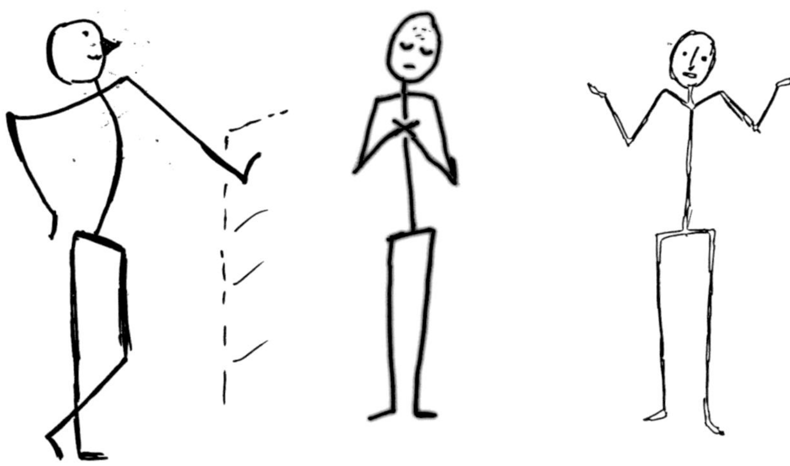

Und Du? Pass auf: Dein Gesprächspartner nimmt auch wahr, wenn deine Worte und Körpersprache nicht übereinstimmen. Deine innere Einstellung – zu dir selbst und zum Gegenüber – wird immer nach außen transportiert.

Sprich mit dir selbst . . .

. . . dann wirst du bestens verstanden.

Das Landgericht Köln hat drei Angeklagte wegen Mordes zu lebenslanger Freiheitsstrafe verurteilt. Ein Indiz für ihre Täterschaft wurde den Bemerkungen eines Angeklagten entnommen, die er im Selbstgespräch im Auto gemacht hatte: „Wir haben sie tot gemacht". Das Selbstgespräch war im Lauschangriff aufgezeichnet worden.

Wenn Sie Richter wären, würden Sie natürlich gleich fragen: Wer sind die wir, wer ist die sie? Eine Fliege? Ok. Das ist nicht unser Thema hier. Es geht um Selbstgespräche.
Zur Kommunikation gehören zwei. Nun die gab es in diesem Fall ja wirklich, eben mit dem Lauscher an der Wand. Im Normalfall eines Selbstgesprächs ist vielleicht keiner dabei oder er ist nicht der Partner des Redenden.
96 Prozent der Menschen führen Selbstgespräche – habe ich irgendwo gelesen. So genau wissen das kluge Psychologen. Aber ich doch nicht! Oder doch? Wenn ichs bedenk: Ich spreche schon mal laut, wenn keiner dabei ist. Ich rede mit meinem PC oder mit wem dahinter:

Das gibt's doch gar nicht!
Ihr Deppen!
Was soll das?

Dies ist zwar lautes Reden, wenn keiner dabei ist. Aber ein Selbstgespräch ist es eher nicht. Man muss im Selbstgespräch irgendwie mit sich selbst reden. Zu sich selbst?

Ähnlich dürfte es sich mit Scheingesprächen verhalten. Wenn Sie im Auto mit dem Bummler vor Ihnen reden:

Mach voran, du Grufti.

Mein Gott, nun fahr doch schon los!

Das ist zwar ein Dialog, aber Sie wissen, dass Ihr Partner (?) Sie nicht hören kann.

In Selbstgesprächen scheint man irgendwie zwei. Man spricht und hört. Ja, aber so ganz klar ist das nicht mit dem Partner. Sieht man sich wirklich als Partner? Braucht es das? Den Partner würde man wohl duzen. Bestimmt, wenn man es selbst wäre. Die meisten scheinen sich aber zu ichzen. Da wird kein Partner irgendwie angesprochen. Unter den wenigen Duzern sollte es allerdings sogar welche geben, die sich siezen! In manchem Fall wär das schon mal angebracht.

Selbstgespräch = lautes Denken, so sagen Psychologen, so heißt es öfter. Ein alter Hut. Man kann auch stille Selbstgespräche sehen, wo bei jemandem nur der Mund wackelt wie beim Reden. Sollte das auch beim Denken helfen?

Es heißt auch, ältere Menschen, die oft allein sind, führen Selbstgespräche. Das ist der klassische Fall und eigentlich plausibel. (Woher weiß ich das? Ich krieg es doch nur mit, wenn ich dabei bin und noch glaube, der Soliloquent bekomme das nicht mit. Aber Spaß beiseite.) Warum soll jemand, der oft allein ist, laut denken? Und besonders die? Es wäre doch für alle nützlich, wenn es hülfe. Dann auch noch die Frage: Warum sind uns Selbstgespräche eigentlich irgendwie peinlich?

Warum nun überhaupt Selbstgespräche? Jemand hat mal gesagt: Ich unterhalte mich gern mit einem intelligenten Menschen. Und ich? Ich unterhalte mich gern mit einem, der zu allem einfach ja und Amen sagt.

Empfohlen werden von klugen Therapeuten die Selbstgespräche, weil einer Selbstkritik da leichter falle. Und das sei doch was Positives. Nun gut, wem das gut tut. Gemeint sind hier nicht die spontanen Ausrufe, wenn einem was misslungen ist: Mist!, Oh Gott!, Scheiße! Und so fort. Das gab's und gibt es immer schon. Man kann sie mehr als Symptom des Fehlschlags sehen.
Sie sind aber wirklich kein Selbstgespräch. Nicht einmal ein Gespräch. Da braucht es schon ein bisschen mehr.
Positiv könnte auch sein: sich etwas vornehmen und es sich öfter vorsagen. Das hilft. Schon deshalb: Je öfter du etwas sagst, umso wahrer wird es. Und je öfter du dir etwas vorsagst, umso eher wirst du es tun. Prinzip Hoffnung!
Wäre da nicht Tommy Haas ein Vorbild? Bei den Australian Open führte er das folgende Selbstgespräch, in dem er sich übrigens duzte:

So kannst du nicht gewinnen. So kannst du nicht gewinnen, Haasi, das geht nicht. So geht's nicht. So geht es nicht. Zu schwach einfach. Zu viele Fehler, zu viele Fehler. Es ist immer das Gleiche. Ich habe keinen Bock mehr. Ich habe keine Lust mehr. Für was mache ich die Scheiße? Für was? Für wen? Außer für mich selber, ha? Wieso? Weshalb? Warum? Ich kann es nicht, ich kapier' es nicht. Ich zahle Leute für nichts, für absolut nichts. Damit ich mich aufregen kann. Du bist ein Vollidiot, bist du selber. Schön wieder nicht reingegangen ans Netz. Aber du gewinnst. Du gewinnst es noch, komm. Du kannst es nicht verlieren. Fighten. Fighten. Kämpf.

Und er gewann!

Der BGH meinte, bei Selbstgesprächen empfinde sich ein Mensch als allein mit sich selbst. Will man das als Kriterium nehmen, dann sollte man vielleicht auch Luftgespräche einführen, bei denen mir der Witz scheint, dass eben doch welche zuhören. Ich denke an Menschen (oft etwas abgerissene), die auf Straßen und Plätzen laut (vor sich hin?) reden. Oft klingt das recht aggressiv in meinen Ohren und man könnte ein bisschen Angst bekommen.
Da wird geklagt über das eigene Schicksal, über die Welt und die Gesellschaft. Und vor allem über die da. Könnte ich da nicht auch gemeint und angesprochen sein? Diffus empfinde ich das so. Aber sind solche Luftgespräche sinnvoll und sind sie hilfreich? Einen habe ich gehört, der hat sich gar gestritten. Mit sich selbst?

Die einsamen Brabbler, die in der Stadt rumlaufen sind verkabelt und haben einen Knopf im Ohr. Sie führen eher Ferngespräche. Manche scheinen auch Luft- und Ferngespräche zu verbinden.

So nützlich oder wenigstens unschädlich echte Selbstgespräche sein mögen, sie bergen doch eine gewisse Gefahr in sich. Es kommt drauf an, wovon man redet: Einer soll im Selbstgespräch schon mal etwas in den falschen Hals bekommen haben und ist daran erstickt.

Doch zur Beruhigung:
Ein von der Polizei abgehörtes Selbstgespräch eines mutmaßlichen Straftäters darf grundsätzlich nicht im Gerichtsprozess verwertet werden. Das hat der Bundesgerichtshof (BGH) entschieden. Der Grundsatz, dass „die Gedanken frei" und dem staatlichen Zugriff nicht zugänglich seien, beschränke sich nicht allein auf „Denkvorgänge", sondern erfasse auch das „Aussprechen von Gedanken" in Selbstgesprächen, teilte das Gericht mit. (AZ: 2 StR 509/10 - Urteil vom 22. Dezember 2011)

Die müssen es ja wissen!

„Pflegt ihr Freund Selbstgespräche zu führen, wenn er allein ist", fragt der Richter die junge Zeugin. „Ich weiß nicht, ich war noch nie dabei."

Über das Unsagbare

Im Wilhelm Meister sagt Goethe von der Schauspielerin Melina, sie habe „ein ich weiß nicht was in ihrem Wesen", das sie interessant mache. Damit bewegt er sich in einem europäischen Topos, einer festen Betrachtungsweise. Es ist das, was im Französischen und vielen romanischen Sprachen auf den Punkt gebracht wurde mit dem „je ne sais quoi". (Cicero *nescio quid*, Spätlatein *non sapio quid* und weiter *non so che, no sé qué.*) Dieses „ich-weiß-nicht-was" ist verbunden mit der Liebe, mit Gefühlen, mit Schönheit und Grazie, mit dem Übernatürlichen und dem Geheimnisvollen.
Mit dem „je ne sais quoi" ist das Unbeschreibliche, das Unsagbare benannt, aber alles in einem Topf. Kritiker hat schon früh die Inflation der *je ne sais quoi*'s amüsiert: Es gebe die universalen *je ne sais quoi*'s, die alle Menschen angehen, und die speziellen, die wie Phantome einzelne Leute anfallen. Das *je ne sais quoi* sei ein Ausdruck, den man allen Saucen zufüge und der nur die komplette Ignoranz ausdrücke.
Abgeleitet und umgeleitet von dieser Formulierung finden wir das gewisse Etwas, das auch etwas benennt, was nicht formulierbar ist. Es hat aber im Gegensatz zum „je ne sais quoi" nicht mehr das Numinose des ineffabile, sondern soll eher eine Person auszeichnen. Es nennt diffus eine positive Eigenschaft.

Will man über das Unsagbare sprechen, dann lohnt es sich erst zu unterscheiden zwischen dem individuell Unsagbaren und dem prinzipiell Unsagbaren.

Das individuell Unsagbare lernen wir kennen, wenn wir eine zweite Sprache lernen. Da kommt es öfter vor, dass wir etwas sagen wollen, können es aber noch nicht ausdrücken, weil uns an Kompetenz in der zweiten Sprache mangelt. Dann aber ist das zu Sagende sagbar, eben in der eigenen Sprache. So wissen wir, was wir sagen wollen, und könnten es auch formulieren.
Wenn Kinder sprechen lernen, dann scheint es plausibel anzunehmen und wir nehmen es auch an, dass sie erst wenig und langsam mehr ausdrücken können. Wäre es aber sinnvoll anzunehmen, sie wüssten eigentlich viel mehr und wollten viel mehr sagen, als sie ausdrücken können? Mir ist jedenfalls nicht bekannt geworden, dass Kinder so etwas erleben. Es sind doch gerade die Sprachgewaltigen, die sich beklagen.

Dennoch ist für viele die Annahme attraktiv, irgendetwas schlummere tief in uns und müsse erst ans Licht gebracht werden. Was jetzt noch unsagbar ist (ob es existiert und in welcher Form, wäre eine andere Frage), wird langsam entwickelt, auf den Begriff gebracht und kann dann auch ausgedrückt werden. „. . . obgleich man gewöhnlich meint, das Unaussprechliche sei gerade das Vortrefflichste, so hat diese von der Eitelkeit gehegte Meinung doch gar keinen Grund, da das Unaussprechliche in Wahrheit nur etwas Trübes, Gärendes ist, das erst, wenn es zu Worte zu kommen vermag, Klarheit gewinnt." (Friedrich Hegel)
Nehmen wir ruhig weiter an, dass es das Unsagbare gibt. Merken wir aber: Im Unsagbaren ist alles das Gleiche. Unterschiede gibt es erst im Ausgedrückten. Und wenn das fruchtbar wird, ist alles ok.

Wir können doch über alles reden!

Aber sollten wir das auch? Und vor allem: Über alles? „Il faut tourner 7 fois sa langue avant de s'exprimer." Du musst deine Zunge sieben mal drehen, bevor du sprichst, sagt der alte Abbé Dinouart und geißelt Philosophen, die Wörter missbrauchen. Er lobt das Schweigen und die Stille – für die anderen. Er mag die Philosophen der Aufklärung nicht, will jenen Staat und diese Religion bewahren. Leider wiederholt er sich immer wieder in seiner kurzen Abhandlung. Hätte er doch selbst seine Ratschläge befolgt!
Wir sehen, wie schwer das Schweigen fallen kann.
Unser Titelsatz ist einer kommunikativen Ideologie, einem Verständigungskonzept verpflichtet, nach dem man Misshelligkeiten überwinden kann, wenn man offen miteinander redet. Nur durch Reden kann man sich einigen. Darum offen und direkt über die Probleme reden. Aber ist reden nicht nur Silber? Alle Erlebnisse des Partners kennen, rezente und uralte, soll das interessant sein? Dagegen: Der wahre Mann redet nicht über sein Innenleben. Sollen Männer also das Männlichkeitsideal überwinden? Ja, natürlich! Ruhig erzählen, was dich bedrückt, wie du warst, wie du sein möchtest. Gut, wenn es erleichtert. Aber was draus wird? Bedenke: Alles, was du sagst, kann gegen dich verwendet werden.

Aber Schweigen kann auch Tombak sein. Autobahngold. (In meinem Dialekt hieß es Dommbak = Dummbak.) Wenn in einer Situation ein Partner eine Antwort erwartet oder wenn nach Kommunikationsmaximen etwas zu sagen wäre, dann wird Schweigen bedeutungsschwer.

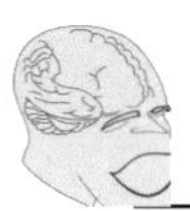

Wir haben uns eine Palette des gedeuteten Schweigens angelegt.

- Das beredte Schweigen: Man kann sich denken, was gesagt würde. Beredtes Schweigen kann unüberhörbar, vielsagend und bedeutungsschwanger sein.
- Das eiserne Schweigen ist kalt und beharrlich: Null Reaktion, was immer du tust.
- Das diskrete Schweigen ist höflich und taktvoll. Verwandt ist das peinliche Schweigen oder gar das entsetzte Schweigen.
- Das gefällige Schweigen: Man möchte nicht wehtun.
- Das täuschende Schweigen: Man lügt, indem man etwas verschweigt.
- Das beflissene Schweigen ist verwandt dem feigen Schweigen.
- Das grimmige Schweigen mag unwirsch bis unheilvoll sein.
- Das hochmütige Schweigen ist auch verächtlich.
- Das demütige oder ergriffene Schweigen hat seine Heimat in Religion und Kunst.
- Das nachdenkliche Schweigen spricht für sich selbst.
- Das trotzige Schweigen: Man fügt sich nicht.
- Das abwartende Schweigen: Wer macht den ersten Satz?
- Das taktische Schweigen: Man lässt den Partner erst mal kommen, deutet ihn aus.
- Die spöttische Stille: Man lässt den Partner sich selbst vorführen.
- Das verächtliche Schweigen: Der Partner ist keines Wortes wert.

Karl Valentin hatte auch schon was parat:

Dein Schweigen ist so tiefsinnig,
dass man wünschte, es würde nie enden.

Zwei berühmte Schweiger. Links die dänische Ministerin Birthe Rønn Hornbeck. Rechts Prinz von Homburg alias Norbert Grupe. Beide einst schweigend im Fernsehinterview mit einem verzweifelten Interviewer.

Sehen Sie was am Gesichtsausdruck? Scheint gut zu tun.

Wählen Sie also:
Was ich nicht weiß, macht mich nicht heiß.
Was ich nicht weiß, macht mich heiß.

Übrigens, hier endet das Büchlein. Ich bitte vorsorglich um Entschuldigung, wenn ich nicht alle Fallen auf– und abgestellt habe.